性の政治学

シルヴィアンヌ・アガサンスキー
丸岡高弘 訳

産業図書

目次

目　次

混成性《ミクシテ》にかんする補足〔第二版序文〕

思想と現実が歩調をあわせて進行し、急速な展開をとげる瞬間がある。

本書で論じられたいくつかのテーマは一九九八年の時点ではまだ理論的考察の域にとどまっていたが、それが今日ではわが国の法的・政治的空間にくみこまれてしまった。男女同数制《パリテ》〔訳注：「パリテ」は「同数」という意味。ここでは議会における男女議員数を同数にする制度が問題になっている〕という概念がそうである。これはかつては実現不可能なユートピアにすぎなかったが、それが数年のあいだにひろくひとびとに共有される主張となり、そして実際に制度として実現された。だから、哲学と政治の両面を視野にいれて書かれた本書は執筆時とはことなった状況のなかで書籍としての歩みをつづけることになる。この状況の変化はわたしの主張にとって心強い援軍になってくれるものだと信じているが、読者のみなさんに『性の政治学』再版をあらたにお贈りするにあたって、本書であつかわれた問題のなかで一番議論になったいくつかの点について補足をおこないたい。それは男女同数制《パリテ》とその原理、人間の混成性《ミクシテ》〔訳注：本書のキーワードの一つ。「まざりあうこと」、また学校制度だと「男女共学」を意味する。ここでは人類が男性と女性のふたつの性から構成されていることを積極的にみとめる立場を意味する。以下、「混成性」ないしは「男女混成性」と訳す。形容詞は「ミクスト」〕の価値と同性愛者の権利の拡大のあいだに対立があるという主張、性の問題と性行動《セクシュアリティ》の問題の関連性、生殖補助医療技術と性的差異の将来の関係、そして最後にフランス語のいくつかの名詞や称号の女性化の問題である。

男女同数制《パリテ》

周知のとおり、憲法第三条に付加された短い文章のおかげで今後、政党は候補者の男女同数制《パリテ》を遵守しなければならなくなった。条文自体には「男女同数制《パリテ》」という単語は入っていないが、そこで男女にたいする言及がされたので、男女同数制《パリテ》を促進するための法制定を妨げていた「憲法上の障害」はとりのぞかれた。こうして政治権力の男性独占に終止符がうたれ、混成的《ミクスト》民主主義の時代がはじまった。状況がこんな風に模範的なまでの速さで進行したのは、まずなによりごく最近まで女性が政治生活に参加する度合いがきわめて低いという明白に異常な事態のためであったが、また同時にこの問題について公の場でひろく議論が展開されたためでもあった。本書のいくつかの章はそうした状況のなかで発表されたものである。こうした議論の結果、両院合同会議が一九九九年六月二八日、「法は議員職やその他選挙でえらばれる公職への男女の平等なアクセスを促進する」という短い文章を憲法に付加することを議決した。

こうして男女同数制《パリテ》原則の適用方法を早急に決定することが可能になった。そして一九九九年一二月に採択された〔訳注：正確には「提案された」。通称「二〇〇〇年六月六日法」とか「男女同数法」と呼ばれるもの〕法律はつぎのような規定をさだめた。名簿式比例代表制選挙には候補者の男女同数制《パリテ》（男女五〇パーセントずつ）、州選挙および住民二五〇〇人以上の市町村議会選挙については候補者名簿の上位から六人ずつのグループ内での男女同数制《パリテ》（これは女性が名簿の下位に集中的に登載されることを避けるため）、そして最後に国民議会選挙では男女同数制《パリテ》原則にたいする違反の程度にしたがって財政的制裁を科することにより政党に原則の適用をうながす。

男女同数制《パリテ》原則は民主主義のあたらしい発明だが、これによってフランスにおけるフェミニズムは決定的な転機をむかえた。それはつぎのような事実を確認することによって実現されたのである。すなわち、最初から性別を考慮にいれない抽象的平等原則は社会・政治生活からの女性の実質的な排除状態を改善することができないばかりか、それを隠蔽する効果をもつ、だから、男性独占の政治的伝統がうみだした現実の不平等を改善するためには混成的《ミクスト》民主主義の可能性を検討しなければならない。政治における男女同数制《パリテ》が実現されたいま、政治以外のあらゆる領域――まず最初に経済生活――でも男女同数制的な風土を発展させなければならない。

『性の政治学』を書くにあたって、わたしはたんに女性問題の議論に参加し、狭義での政治的領域を論じることだけをめざしたのではないという点はもうしあげておきたい。わたしはとりわけ性の二元性が政治と直結していることを論証したかったのである。というのもそれは観点がつねに二元的であり、対立を超越する俯瞰的な視点などそもそも存在しないことを意味し、それによってマックス・ウェーバー流の科学的中立性という考え方の基礎をつきくずすからである。トマ・ラクールがしめしたように(1)、性的差異にかんする科学的言説は一般的に事象のリアリティーに関心をもたない。男性や女性の解剖学的・生理学的記述ひとつをとってみても、それはつねに他の領域（たとえば技術や政治）から借りた序列化されたモデルの影響をおおきくうけているが、そうしたモデルは極度に男性中心的な見方をもっているので、専門家たちはながいあいだ、疑うこともなしに唯一の性だけを記述し、両性をえがくことを怠ってきた。（つまり女性は唯一の性である男性の欠如形とか劣等形とみなされてきた。）フランソワーズ・エリチエをはじめとする人類学的研究もこれまでのすべての文化が男性中心主義的であったことをあきらかにしている。すなわち、どんな文化でも男性・女性の序列化が支配的であり、一般的に男性が人類の唯一のモデルとされてきたのである。こうした序列化された構造によれば、女性は他者や差異あるものではなく、不完全で、劣等で、欠如のある存在でしかない。両性間の社会的不平等はよくかんがえられているように本質的な差異の認知に基礎づけられているのではない。人類は本質的に男性的であるとされ、そのなかで（その規格にあわない）女性が劣位であるという主張からひきだされているのだ。

（1）『性の製造——西洋における身体とジェンダー試論』ガリマール、《NRFエセー》、パリ、一九九二年（原著『性の製造——ギリシャからフロイトにいたる身体とジェンダー』ハーバード出版、一九九〇年）

こうした単一の性の論理（つまり人類を男性と同一視する考え方）がすべての男性中心主義の支

柱となっている。だから人類は皆ひとつというかけ声では女性に正当な地位をあたえることはできない。わたしはいくつかの点でボーヴォワールはのりこえられるべきであるとかんがえているが、彼女はすでに女性が「人類」という抽象的観念のなかに逃げこむことをはっきりときびしく批判していた(2)。というのも彼女は人類という観念への依拠が「性をこえた」所に自分を位置づけたいという希望——むなしい希望——を表現していることをよく知っていたからである。男性は男性であることを「権利である」かのようにかんじているのに、女性はまるで女性であることが「あやまり」であり、そのあやまりをただすために性をこえた所に自分を位置づけようとするかのようなのである。

(2) 『第二の性』《イデー叢書》、ガリマール、一九七八年、一三ページ

しかし一九九六年以来、フランス論壇で左右両陣営の立場から男女同数制《パリテ》にたいしてはげしい批判が表明されたが、そこではこうした抽象的普遍性への逃避が明確にみられた。男女同数制《パリテ》批判論者たちは、女性に人類と一体化し、おぞましい「個別主義」の誘惑を斥けるよう要求していたのである。共和主義的普遍主義のレトリックは非常に見栄えはよいのだが、権力(政治的その他)の男性独占維持のための目隠しになっていた。また、それは都合次第で、男性を人類全体とみなしたり、人類の一方の性のみを指示するとみなしたりする男性中心主義につきもののイカサマをくりかえしていた。たとえばながいあいだ、きわめて明示的に男性のみによって定義されていた「共和国」が、男女同数制《パリテ》論争勃発以降は、市民の性を一切考慮にいれないと非常に熱心に主張するようになった

のだが、このことに驚きの念を表明するものはいなかった。それはまるで、女性とはことなって男性には「個別的」なものが何もないとかんがえているかのようなのである。だから政治生活に公正に参加したいとかんがえる女性の主張は「個別主義的」であり、権利上も事実上もずっと男性に限定されてきた体制が「普遍主義的」であるとみなされていたのである。女性として女性が権利を有するという考え方は自然への野蛮な回帰であると批判され、男性が男性として維持してきた伝統的特権は性に依存しないものとかんがえられる。共和国の守護者たちは、驚くべき無邪気さで、（中性的？）文化と（性的差異を内包する）自然の違いを尊重するよう訴えかける。まるで文化や法や政治がこれまで性を無視してきたかのように……。実際、性を社会的に区別するべきではないという主張がされるようになったのは、これまでは性的差異が男女の不平等をささえる根拠になっていたのが、今日はじめて男女間の平等な権利の共有を実現するための原理になったからである。国家における女性の位置がついにみとめられるためには、民主主義や市民権にかんして性的に中立的な概念をのりこえなければならない。大部分のフェミニストや混成《ミクスト》的社会の支持者たち（男性もいるし女性もいる）はこうした思考の道筋をたどるようになったのであった。

　哲学の人類学的部分のみならず形而上学的部分も男性中心主義的論理を構造としてふくんでいる。だから『性の政治学』の議論をこえて、そうした問題をもっと詳しく論じる必要がある。しかしそれは将来の課題としよう。本書でわたしが政治を論じることからはじめたのは、性的葛藤を視野にいれずには性的差異はけっして思考されることがないし、そもそも思考不可能でもあるという点を強調したかったからだ。

混成性にかんする補足

葛藤

一九九八年以来、もうひとつ別の革命がおこったが、本書でもその正当性について言及することになろう。その革命というのはパックス（民事連帯契約）〔訳注：一九九九年に成立した制度。同性・異性をとわず共同生活をいとなむカップルに一定の法的ステイタスをあたえるもの〕の創設である。一般的には、民事連帯契約《パックス》の支持者と男女同数制《パリテ》のそれは同一であった。政治・社会生活からの女性の排除をただそうとする意志は法律の不備や道徳的非難のために男女の同性愛者がこうむっている偽善的排除を改善するという主張と完全に調和していた。民事連帯契約《パックス》はこれまでなかったような形の共同生活を制度化することを可能にし、だれもが、つまり異性のカップルも同性のカップルも、それを選択することができるようになった。それは各自の性的嗜好を承認し、その自由を保障する方向へむかってのひとつの進歩であった。

しかし男女同数制《パリテ》と民事連帯契約《パックス》というこのふたつの革新的制度はまたその批判者の一部を結集する機会ともなった。とりわけ同性愛者にたいして本当の結婚を、さらには養子や生殖補助医療技術を利用した出産の権利をみとめるよう要求するひとびとがこの制度を批判した。そうしたひとびとは、民事連帯契約《パックス》はあまりにも中途半端な制度であるとかんがえ、カップル間の平等（つまり同性愛カップルでも異性愛カップルでも同等の権利をもつ）という原理を主張した。

こうした新型の平等主義は個人を脱性化することを含意している。だからそれは性的差異を普遍的二元性とかんがえ、生殖のために両性が相互依存関係にあるとする考え方とはうまく調和しない。そのために男女同数制《パリテ》の哲学は同性愛者の権利主張の妨げになるのではないかとかんがえたひとびとがいたのである。

たしかに「同性の二親」が子供をもつことを法的に可能にするということは混成性《ミクシテ》の否定であり、性的差異の消滅である。人類の混成性《ミクシテ》をみとめ、それに価値を付与するかぎり、同性愛カップルの親権容認という問題にかんしてわれわれは慎重にならざるをえない。それをみとめてしまうと、子供が二重の起源をもつ（男性と女性からうまれる）という事実を抹消し、親やさらには子供自身の性的アイデンティティが本質的な重要性をもたないとかんがえる結果になるからである。こうしたかんがえから男女両性の平等を主張する男女同数制《パリテ》は、そのために「性行動《セクシュアリティ》の平等」を犠牲にするものだと解された。

しかしこうした考え方は性的差異と「性行動《セクシュアリティ》」の多様性をあやまって混同した結果でしかない。実際、性行動《セクシュアリティ》は性的嗜好にかかわっているが、性的差異はつねに生殖や親子関係と関連して定義されてきた。民事連帯契約《パックス》によって同性愛を法制度のなかに位置づけたということは家族や結婚と直接の関係はない。というのも、結婚という制度は異性愛を法制化するために制定されたとよく言われるが、本当はそうではなく親子関係を規定するためにつくられたものだからである。

本書でわたしは子供の二重の起源をみとめなければならない、またその原理にしたがえば同性のカップルを法的に子供の親とするのはこのましくないと述べたが、以上に述べたような理由からそうした主張をここで取り消すつもりはない。しかしこの原理から出発して、同性愛者が子供をもったり、養子にしたりしてはいけないと主張するつもりもない。両者は非常にことなった考え方なのだ。実際、親のカップルが必然的に異性カップルであるということと、子供をもったり育てたりするひとびとの性的嗜好がどうであるかということは全然別の問題であり、両者は区別されなければならない。別の言い方をすると、親であると同時に同性愛者であるということは可能なのであり、実際にたくさんの同性愛者である親は存在する。しかし人は同性愛者として、（異性愛者の場合でもおなじことだ）父親なり母親になるのではない。男性なり女性として親となるのであり、そしてその子供のもうひとりの親は必然的に異性の人間である。もちろんさまざまな事情で片方の親しかいないという場合もある。またフランスのように独身者にも養子をとることが許されている場合もある。実際、独身者による養子が可能な場合には、平等という観点から性的嗜好による差別はすべて廃止されるべきであろう。いずれにせよ、親になるという経験をとおして多くの人間は人間の有限性と性的差異について有意義な体験をするのである。

性《セックス》と性行動《セクシュアリティ》

性的関係や恋愛関係は親としての関係とかならずしも重ならないし、性行動《セクシュアリティ》も性《セックス》と同意義ではない。恋愛カップルと親のカップルとのあいだにはつねに多少ともズレがあったし、またいずれにせよズレが発生する可能性はいつでもある。今日、ズレの理由は昔とおなじではないが、そもそも親としての関係は本質的に持続的であるから、それが婚姻関係と合致しないことはますます多くなっているし、ましてや完全に不安定なものになった恋愛関係については言うまでもない。「再構成」家族〔訳注：再婚で両親がことなった兄弟姉妹をふくむ家庭〕はこのふたつのタイプの関係のズレを積極的にひきうけているカップルと言うことができるが、その点では同性愛者も同様である。ところで、同性愛者も子供をもったり、もちたいと希望するとき、子供が異性カップルからうまれること自体は否定しない。「母親なしに子供をもてるとは一瞬たりとかんがえたことはない」とマルクは言う。彼は同性愛者として生活をつづける一方で、親となるために女性と関係をもった。またカミーユは匿名の精子提供者にたよることを拒否する。彼女にはそれは「父親の否定」のようにおもえるからである。彼女は「子供は父親と母親からうまれるという事実」を棚上げにしてしまいたくはないとかんがえている(3)。

（3） これらの証言はE・デュブルイユの著書『同性の両親』（オディル・ジャコブ、パリ、一九九八年、一四一ページおよび一五九ページ）から引用。この本の題名は不適切である。

それにたいして「さまざまなタイプのカップル間の平等」というテーマは広義の性行動《セクシュアリティ》と〈子供の誕生の起源となるカップルの混成性《ミクシテ》〉という問題のあいだにある違いをかくしてしまう。それは法的な婚姻関係を恋愛関係のうえに基礎づけ、ついで親となるカップルをカップル一般と同一視し、そして最終的に子供の「二親となるものの性別を問題にしてはならない」と結論づける……。この突飛な主張は一見、論理的にみえるのだが、しかし、もし性的な二元性を棚上げにするなら、親がふたりであり、ふたりだけである理由は一切なくなるだろう。どうして父親が三人いたり、母親が四人いたりしてはいけないのだろう。二親モデルは愛や快楽に根拠があるのではなく、性化、すなわち生殖器の分化から生じたのである。親がふたりいるのは、ふたりが愛しあっているからではなく、生命を誕生させるためにはことなるふたつの性の存在が必要かつ十分な条件であるからである。それにたいして、性的行為や恋愛関係はかならずしもそのパートナーが混成的《ミクスト》（＝異性）である必要はないし、ふたりである必要もない。

一般的に親子関係がふたりの親を前提にしているのは、生殖のプロセスの表象の仕方、胎児の発生の解釈の仕方に影響されるからである。つぎのような人類学上の仮説をたててもよいだろう。すなわち婚姻関係が双極的・混成的《ミクスト》構造を尊重するのは生命を誕生させるためにはすくなくともふたりの人間が必要であり[4]、そのふたりは胎児の誕生と発育にそれぞれことなった役割をはたすからである。このふたりの人間の種別、生殖にあたって補完的で、両者があわさって人類を形成するこのふたつの種別を人は性と呼んだ。わざとあからさまな言い方をすると、人類がオスとメスからなっているのはすべての他の高等生物とおなじことだが、人類が性別をもっているというこの事実を基本的な形で定義するとしたら生殖と関連づけるしかない。性の二分法はさまざまな社会的形態をとることになるが、生殖という事実はそのすべてに先行する。性の二分法にたいしてさまざまな社会的意味をあたえることができる。しかし生殖のためには両性の存在が必要であるという事実自体を消し去ることはできない。

（4）　ときに、神話や理論はその他の自然条件や神の介入をつけくわえる。「バルーヤ族にとって、子供は男性と女性の性的結合と太陽の介入の産物である。」モーリス・ゴドリエ、ミシェル・パノフ『肉体の産出』アルシー

ヴ・コンタンポレーヌ出版、パリ、一九九八年、三ページ参照

つまり親のカップルの普遍的モデルは混成的カップルであり、異性愛カップルではない。異性愛カップルについて言及されることが時にあるが、それは非常に奇妙である。混成的《ミクスト》カップルと異性愛カップルはまったく違うものだ。親子関係は直接「性行動《セクシュアリティ》」にかかわらないが、それにたいしてふたつの性《セックス》の存在を無視することは絶対になかった。おそらく、法律でさだめられる親のカップル〔＝婚姻関係〕というのはその事実を制度として表現したものだ。アフリカのヌエール族の女性同士の結婚のような例外的なケースにおいてさえ、婚姻は同性愛関係とむすびついているのではなく、混成的《ミクスト》な親のカップルという図式を否定するものではない。実際、ここではどのような構成が問題になっているかと言うと、不妊とされた女性がひとりないしは複数の女性と結婚し、相手の女性が子供をうむと、不妊の女性はその「父親」となる。みてわかるとおり、この結婚が可能なのは不妊の女性が制度によって男性化されたからに他ならない。だからここでも婚姻関係の混成性《ミクシテ》というフィクションは機能しているのであり、ふたりの女性がカップルを形成することが制度化されているということではない。（これと平行して子供の誕生の自然な混成性《ミクシテ》は維持される。というのもオスの生殖者の機能をはたす男性の存在は必要だからである。）たしかに、フランソワーズ・エリチエが言うように、ここから「男性と女性の本当の違いは性器にあるのではなく〈お産〉をするかどうかにある(5)」と結論することができよう。しかしまた、性を定義するとしたら最終的には生殖の原理としての（性的）差異に依拠するしかない。だから男性性と女性性の出発点を位

置づけるとしたら、それは生殖という事実以外にはない。

(5) フランソワーズ・エリチエ『男性的なるものと女性的なるもの――差異の思考』オディル・ジャコブ、パリ、一九九六年、二三〇ページ

だからさまざまな「性行動《セクシュアリティ》」のモデル(「異性愛」とか「同性愛」とか)が存在することを根拠に性的差異そのものを解体することはできない。性行動《セクシュアリティ》の多様性は最終的には性的差異とは無関係なのである。性行動《セクシュアリティ》の自由を要求したり、異性愛カップルのモデルの自明性を疑問視することは正当である。(とはいえ異性愛もつねにカップルについての特定のひとつのモデルに依拠しているわけではなく、また異性愛者がつねに同一の一組のカップルを形成しているわけでもない。)しかし性的差異を異性愛中心主義とか同性愛嫌悪症《ホモフォビア》と混同して、性的差異自体を否定してはならないのだ。

フェミニズムと性行動《セクシュアリティ》

本当に性の二元性を必要とする唯一の出来事は人の誕生である。もちろん心理的あるいは文化的な意味で「性」にある種の〈ゆらぎ〉があることは事実である。異性愛者の場合もふくめて、性自認に〈ゆらぎ〉があることは確認されている。だから各人が単一の性的アイデンティティをもつと決めつける必要はない。ましてや(男性と女性を差異化する)基本的な性的アイデンティティに代

えて異性愛と同性愛を対立させ、性行動《セクシュアリティ》にもとづいたアイデンティティを強調する必要など毛頭ない。

そうした重点のおき方の変更は理屈にあわない。というのも異性愛や同性愛（この表現が欲望の固定的構造化を意味するとして）は性的差異の存在を前提としており、欲望が差異のある性のどちらかを優先してこのむということを意味しているからである。さらに「同性愛カップル」という中性的なカテゴリーをつくることは男性・女性の区別を棚上げするものであり、最終的に旧来の同性愛嫌悪症《ホモフォビア》的な言説につうじるものがある。同性愛嫌悪症《ホモフォビア》的発想はつねに同性愛者の性的アイデンティティを否定する。まるで同性愛者はその選択によって必然的にみずからの性にたいして背信行為をおこなう者であり、したがって彼ら（彼女たち）は男性でも女性でもないかのように……。また男性同性愛者と女性同性愛者をあわせてひとつのカテゴリーにするというのも奇妙な発想である。異性愛（これをひとつのカテゴリーにするこ ともまちがっている）の他には可能なる性行動《セクシュアリティ》はひとつしかないとでも言うのだろうか。わたしの仮説も検証する必要があるが、わたしは逆にもっとも重要な差異とは男性と女性をわける差異であり、その多様な性行動《セクシュアリティ》のあり方ではないとおもう。両性間にある類似性以上の類似性を男性同性愛者と女性同性愛者がもっているわけではおそらくない。

だから、理論的あるいは政治的観点からして、ゲイとレズビアンを同一の陣営に結集させる理由が本当にあるのかどうか疑問におもわれる。たしかに同性愛にたいする偏見に連帯して戦う必要はあるだろう。しかし両者をむすびつけることは同性愛者とフェミニストがともに差別の被害者であるという理由で両者をむすびつけるのとおなじくらい奇妙なことである。複数の戦線で同時に戦いをくりひろげ、マイノリティの権利を擁護するために運動するということはもちろんありえる。しかし、そしてこの点が本書の中心的な論点のひとつなのだが、女性をマイノリティとかんがえるのは理論的にも政治的にもあやまりである。性的差異の中和化はフェミニズムにとってつねに落とし穴となる可能性がある。というのもそれはいたるところに存在し、いたるところで活動する男性中心主義をはびこらせるものであるからだ。

逆に、どんな「解放運動」（労働者運動、共産主義運動、極左運動など）にも男性中心主義がまぎれこんでいるという自明な事実にたいする認識が一九六八年以降のフェミニズム運動の再生をもたらした。そうした認識によって、いかなる政治的・経済的革命もそれだけでは、太古から存在し、さまざまな形をとってあらわれる性の序列化を打破することはできないことが明白になったのである。

今日でも男性中心主義が同性愛者運動のなかにあり、女性のそれもふくめたクィアー理論が提唱する性の「脱構築」が女性の存在とその権利をふたたび隠蔽する結果になっているという可能性もなくはない。

精神分析学と人類学

現在、フランスでは性的差異の存在を否定したり、「脱構築」しようとする理論的潮流が存在する。

本当は批判すべきなのは性的差異そのものではなく、その序列化なのであるが、ともあれそうした性的差異の脱構築派はすこし前から精神分析学を批判のターゲットにしている。精神分析学は性的差異を清算しなかったから、保守的な「象徴的秩序」の牙城になっていると批判されているのだ。しかし、坊主憎けりゃ袈裟まで憎しとは言うものの、なにもフロイトやラカンが性的二元性を発明したわけではない。彼らは性的二元性がうみだす心理的形象や心的構成、とりわけ欲望の構造やそれがとるさまざまな形（両性愛、異性愛、同性愛）を探求したのだ。むしろ精神分析学は性行動《セクシュアリティ》を性器から、つまり生殖の「ハードな土台」から解放することに貢献した。というのも、性行動《セクシュアリティ》について語ることが可能になったのは、さらには性行動《セクシュアリティ》には複数の形があり、そのすべてがリビドーの選択として等しく正当性をもっているという現代風の理解が可能になったのはフロイト以降のことであるからだ。

フロイトはこうして欲望（とそのさまざまな形態）を理解するためのおおきな可能性をきりひらいた。しかし本書で展開した観点から言うと、フロイト思想の基礎とその影響力についての批判的検討はまだまだ不十分であるようにわたしにはおもわれる。とりわけ、精神分析学は生殖における性の非対称性をほとんど考慮にいれずに性的差異に心理学的ステイタスをあたえてしまったのであるが、このことを奇異にかんじるひとがすくない。この点はおおいに問題である。

その点についてここでは十分に論じることができないが、端的に言うとこうだ。すなわち、フロイトはリビドー（つまりは愛とその主体・客体）を中心にして性行動《セクシュアリティ》の理論を構築したが、しかし彼はその領域のあたらしさにもかかわらず（あるいはあたらしさの故に、と言うべきだろうか?)、男性中心主義的秩序を構築してしまうことを避けることができなかった。というのもフロイトは性が所在する場所とは男性の解剖学的性器の所在する場所だとし、その結果、必然的に女性性を欠如ないしは謎の場所とみなすことになったからである。

たしかに精神分析学は性行動《セクシュアリティ》の心理的側面に注目したのだが、同時にそれを身体的特徴に(つまり解剖学的特徴に)独特な仕方で関係づけてしまった。とりわけ性にかかわる男女間の違いはそうした観点から説明された。本書のある章で強調したとおり、フロイトは両性間の差異について子供がもつ疑問に男の子の視線をとおしてこたえようとした。この点は容易に指摘することができるし、また実際これまでおおくのひとびとがそうした指摘をしている。同時に、女の子のケースはすぐさま男の子のそれと同一視され、その結果、女の子は男の子がもっている貴重な性器を羨望するということになってしまう。こうして女性性は決定的に欠如の論理、去勢の論理のなかに書きこまれ、女の子はせいぜいのところ去勢という事実をなにかで埋めあわせすることしかできない。このように一旦プログラムされてしまうと、男性中心主義的論理は実際に女性の性行動《セクシュアリティ》の歴史全体に刻印され、女の子の欲望は去勢という事実と例の「ペニス願望」から由来すると解釈される。しかし、もしフロイトのように発生論的な見方をせずに、欲望の発生の起源が幼年時代にあるとかんがえず、そして目にみえる身体的特徴にとらわれることがなければ、性器期の男性と女性のあり方についてもっときちんとした問いかけをすることができるだろう。そして多分、両性のあいだには非常におおきな非対称性があるので、一方の性からの類推でもう一方の性をかんがえることはできないということに気がつくだろう。というのも(これが本書で一番力説したいわたしの発想なのだが）性（あるいは両性）について語るとき、男性と女性はそもそもおなじことについて語っているのかどうかという点自体を問題にすべきなのである。もしこの疑問がただしいとすれば、男性性と女性性のあいだには共通点はなく、性的差異と呼ばれるものは存在論的に還元不可能な差異であり、それを和解させたり、総合したりすることは不可能であるとかんがえなければならない。

経験的な観点からすれば、女性においては、性行為そのものから分娩のさまざまな局面にいたるまで性的な出来事のすべてがひとつの肉体のなかで展開される。女性が強制や暴行の結果うまれた子供を拒絶したり、放棄したり、殺したりすることがしばしばおこるのはおそらくそのせいだ。イアソンに復讐するために自分の子供を殺したメデアの例もある。それにたいして男性は受精や妊娠を自分の身体の外部にあり直接関連性をもたない出来事としてしか経験できない。こうした非対称性は、男性が生殖にたいして間接的な関係しかもてないこと、男性は女性の力にたいして必然的にアンビヴァレントな関係をもつということを意味している。それに子供にかんする男性の欲求というのはどんなものなのだろうか。フロイトはそれについては漠然と永遠への欲求と関連づける以外、あまり語っていない。しかし子供をうみたいという欲求が男性にあるとしたら、出産というプロセス、出産がおこる場所（つまり女性の身体）にたいして男性が他律的でしかないことについてどうかんがえればよいのだろうか。こうした他律性はなにかの心理的な影響をもたらす可能性があるのではないだろうか。そしてそれは頻繁に強調される（ペニスの有無という）解剖学的差異がおよぼす影響よりもおおきいのではないだろうか。

いま述べた非対称性がどんな影響をもたらすかという問題は精神分析学よりも人類学の方がより

おおきくとりあげ、そしてよりよく分析している。人類学者は、とりわけ女性の人類学者は、太古から子供の母親がだれかは一目瞭然なのに、父親がだれかは不確かであるために男性の生殖には疎外が存在するという点を指摘している。これは、なぜ男性がひとりの（あるいは複数の）女性を占有することによって自分の子孫を確保しようとしてきたのか、その理由をある程度説明してくれる。また世界のほとんどどこでも、男性は子供をうむ本当の力は自分にあると主張し、生命の伝達において父親が優越的な、さらには排他的な役割をはたす（一般的には精液の役割をつうじて）ということを理論化しようとしてきたが、これも生殖における男性の疎外という事実から説明できるだろう。しかしこんな風に父親の役割に社会的に優先権をあたえてみたところで、出産の場面における母親と父親の立場の非対称性と自然な不平等を糊塗することはできない。母性とはなによりもまず状態であるが、父性とはひっきょうひとつの称号でしかない。この非対称性は法的な父性秩序に先行する。むしろ法的な父性秩序は通常のやり方ではつねに疑念がのこる父性を制度化する必要性からうまれたものとかんがえるべきだろう。聖アウグスチヌスはつとにこの点を理解し、つぎのように述べている。「結婚という制度は、女性の貞節によって父が子を知り、子が父を知ることができるようにするためにつくられた。たしかに、人間はゆきずりの関係からも、どんな女性からでもうまれることができるが、それでは父親と子のあいだの関係はできなかったであろう[6]。」したがって、父性は決して母性の男性版ではないし、母性も父性の女性版ではない。性生活のさまざまなレベルでこれ以外の差異も存在するが、性的差異とはまさしくこの等価性の欠如のことを言うのである。だから男性と女性が交換可能とかんがえることはできない。

（6）　アウグスチヌス『神の国』一四，一一

プラトン主義の後継者たちは両性の差異や生殖を人間の不合理で動物的部分にすぎないとかんがえ、そうした部分は哲学や政治にかかわる高度な関心事とはひっきょう無縁なものであるかのようにふるまいつづけるであろう。しかし形而上学が性的差異を隠蔽するのはいつでも哲学が生殖や子孫にたいして軽蔑心をもっているからである。それにたいしてもし哲学が有限性を重視しようとするならば、生殖についてあらたに考察を展開しなおすべきである。生殖は人類にとって倫理の源泉なのであり、時間と超越性という問題をかんがえる好機なのである。

最後に、両性間のこの原初的非対称性は現在議論の的になっている医療技術による生殖の管理という問題の論点をあきらかにすることに寄与するだろう。実際、生殖補助医療技術は生殖における両性の相互依存を技術によってのりこえる可能性につながるものである。生殖における男女の非対称性はわれわれにひとつの興味深い事実をおもいおこさせてくれる。つまり父親の生殖にたいする関係は最終的に職人とその作品との関係とつねに比較可能だったし、実際に比較されてきた。父親はつねに生殖と出産にたいして自分の外でおこる事件をみる観客のような距離のある関係をもっていたのである。

生殖補助医療技術と性的差異の未来

科学技術万能という近代の理想に陶然としたわれわれの時代は生殖を外からコントロールすることを夢想する。

今日、受精や妊娠のプロセスを完全に外化することは、将来かならずそうなるとまでは言えないまでも、可能性としてはかんがえられるようになった。生殖を完全に肉体からきりはなしてそのプロセスをコントロールできるようになったら、性的差異は後退し、さらには消滅すると想像することができる。とはいえ人口子宮をもちいたクローンの誕生のみが両性の相互依存を消滅させ、さらにはひとつの性のみを存続させることを可能にするのだが。SFの愛好家にとってはすばらしい(『スター・ウォーズ』ならぬ)『セックス・ウォーズ』が期待できるだろう。近代社会になって女性たちが身体の、つまり妊娠と出産の自己決定権を獲得したときにもそれはおこったということを想起しよう。そのとき、家父長的秩序が完全にくつがえされたのだ。技術によって出産が身体からはなれると、ごく最近になって女性が獲得した権利がふたたび疑問に付されることになるかもしれない。しかし技術によって生殖が完全にコントロールされ、出産が手工業的生産ないしは大量生産の範疇に入ることにだれもが不安をかんじているというわけではまったくない。むしろ逆に、そこにあたらしい自由をみ、あたらしい権利、「出産するために身体を関与させないですませる権利(7)」の可能性をみるひとびとは満足をかんじる。そうした観点からすると、生殖補助医療技術はとりわけ何らかの理由（不妊や同性愛）のために自然な身体をつかう方法では子供をうめないひとびとにとって問題の解決策になるのだ。

（7）マルスラ・イアキュブ「生殖と性の法的分離」（《レ・タン・モデルヌ》六〇九号、二〇〇〇年）

自然が不都合だとかんじ、「自然的なるもの」と「生物学的なるもの」を一挙に拒絶しなければならないと信じているひとたちがいるが、この機会を利用してそうしたひとびとにたいして、このふたつの概念は同意語でもなければ等価物でもないという事実をおもいだしてもらうことにしよう。非個人化された細胞や生命物質をあつかう生命科学技術の領域が発展してはじめて自立した生物学的秩序があらわれた。この領域が出現してはじめて生物学的なるものが君臨するようになった、これまでとはまったく違ったやり方で。かつて私生児（＝自然の子）という表現があったが、その頃にはいまのように墓の中まで痕跡をさぐって生物学的な「親子関係」を確認できるなどということはかんがえられもしなかった。

いずれにせよ、先に述べたような非対称性のために、男性の観点からすると技術によって生殖をアウトソーシングするということにはなにもとりたててあたらしいものはない。というのも、実際、男性は（父親として）つねに自分の身体の外で生殖を実践してきたからであり、また父性というものはいつの時代でも男性にとっては根本的に法的次元に属するものであったからである。つまり、言ってみれば、男性はずっと昔から「生殖するために自分の身体をつかわずにすませる権利[8]」をもっていたのである。

（8）同前

とするとつぎのような疑問がおこる。人間を身体的拘束から解放すると称し、また実際それによって女性の不妊という問題が解決される場合があるとしても、バイオテクノロジーは結局は新たな男性中心主義的プログラムにしたがっているのではないだろうか。というのも、それは両性を相互依存や肉体的拘束から技術的に解放することによって同時に男性的な生殖モデル、つまり身体の外での生殖というモデルを一般化することになるからである。出産のコントロールをめぐる旧来の男性・女性の対立はひょっとすると肉体をつかった出産と技術による出産の対立というあたらしい形に変化してしまうのかも知れない。

　しかしながら現在までのところ、人間の社会性は両性・世代間の相互依存と協力によって織りなされてきた。死すべき存在である人間が先祖や子孫ともつ関係はアンビヴァレントであると同時に強力なものであるが、これは通常、個人的な自己中心主義がもちやすい「自分が万能である」という幻想からわれわれを解放してくれる。両性がたがいにたいしてつよい魅力をおよぼしつづけていることをかんがえると、こうした事態が変化しなければならない理由はないようにおもわれる。しかし、もしこれが変化して、各人が自分の子供を工業製品のようにあつかい、親を製品の注文主のようにあつかうようになったら、人類はその歴史上最大の変化に直面することになり、そしてその影響のおおきさは測りがたいものとなるだろう。それでもよいと言う人も多分いるだろう。しかし性的差異が「多様なカップル間の平等」を阻害する以外なんの意味もないと信じるふりをするのはやめよう。性的差異を消滅させなければならないとかんがえなくても同性愛嫌悪症《ホモフォビア》や異性愛中心主義と戦うことはできる。実際、人間に性別があるという事実は性行動《セクシュアリティ》の多様性と矛盾しない。人間の混成性《ミクシテ》を脅かしているのは過剰な個人主義とバイオテクノロジーの誘惑の遭遇なのである。最後に、性的二元性は狭義の人類学の領域にのみ属しているわけではなく、男性と女性、その心理学や解剖学にかかわっているだけではない。動物と神々、神話と神学、生物学と形而上学も性的二元性をとおして語られるべきである。そうした観点からすれば、神話も神学も、生物学も形而上学も、すべてひとつではなく男女それぞれの立場から書かれ、複数存在するようになるべきだと言わなければならない。

フランス語と女性名詞

初版への補足という形で書かれたこの序文の最後に本書『性の政治学』にはひとつの許されがたい欠陥があったことを告白したい。それは「言語における女性名詞の位置」という、これもまたおおくの議論の的になった問題を論じることを怠ったことである。

この点にかんして、わたしは先駆者ブノワット・グルー・グルールト(9)の主張のただしさにもっとはやく気がつかなかったことを残念におもっている。グルールトはフランス語においてある種の名詞に女性形がない（ちょうど道を歩くとき、女性が男性に先をゆずって、男性の影にかくれて歩くみたいに女性形の姿がみえない）ことが伝統的な女性の社会生活からの撤退、公的・政治的空間（さらにはすべての権力のある場所）における女性のすくなさを反映し、それを補強しているということをずっと昔から理解していた。だから、現在の女性の社会進出はあたらしい女性形のつかい方やこれまであった男性名詞の女性化をもたらした。

（9）一九八四年、イヴェット・ルーディーによって創設された「職業名の女性化のための委員会」の委員長に就任した。

アカデミー・フランセーズはしばらくのあいだ、文法の論理を盾にして称号や職務の女性化に抵抗しようとした。まるで文法の論理が天から下りてきたみたいにふるまったのだが、アカデミー会員たちはいわゆる男性名詞の中性性（彼らはそれを性的にマークされていない性と呼んだ）が実際にはふるくからの社会秩序の言語的痕跡にすぎず、われわれの文化や言語のなかにある男性中心主義の象徴的残滓であるということを理解しなかった。

公共空間（家庭内をのぞく経済活動の領域、政治・文化の領域など）における女性の伝統的な不在がフランス語の語彙における女性形の不在をもたらしたことはあまりにも明白である。男性形は必然的に言語において支配的になる。なにしろ、両性にかかわる場合でも（たとえば *les habitants*：「住民」のような複数形において）、意図的に性を特定しない場合でも（*l'usager*：利用者、*le lecteur*：読者）、さらには通性名詞と呼ばれる名詞の場合でも男性形が使用できるとされているのだから当然であろう。通性名詞とはそれが指示する人間の性別がなんであれ、名詞としてはひとつの性しかもたない単語である。たとえば *un assassin*（殺人者）、*un témoin*（証人）、*un faux-monnayeur*（偽金づくり）、さらには*un auteur*（作者）や*un imprimeur*（印刷屋）などである。いくつかの通性名詞は*une bête*（獣）や*une victime*（犠牲者）さらには例の*sentinelle*（歩哨）のように女性形である。この*sentinelle*（歩哨）という単語は通性名詞が性差別とは無関係であることを証明したいとおもう人たちが決まってあげる例である。しかし男性形の通性名詞の大部分が実際にはかつて男性だけが従事した職業をしめす名詞であるということを指摘するのに特別な知識は必要ない。グレヴィス⑽も男性形の通性名詞のリストをあげるときその点を強調している。グレヴィスがあげる例はたとえばつぎのようなものだ。*architecte*（建築家）、*auteur*（作家）、*ministre*（大臣）、*peintre*（画家）、*plombier*（鉛管工）、*pilote*（パイロット）、*grand couturier*（服飾デザイナー）。この最後の例は社会的な性的序列が名詞の性の序列化に反映されたとりわけ顕著な例である。女性形の*couturière*はたんなるお針子であり、男性形の*couturier*は当然、服飾デザイナーなのである。一部の保守的文法学者たちは今日でも職業名を通性名詞や男性名詞の中性的性格と混同しているようなふりをする。まるでフランス語が通常の場合には名詞の性と人物の性別を一致させていないかのように。ふるくからの慣用をみても職業が実際に女性によっておこなわれていた場合をかんがえれば、文法学者たちのそうした説ははっきりと否定できる。一九三〇年代は現在よりは臆病ではなかったから、アカデミー会員たちも*aviatrice*（女性飛行士）、*avocate*（女性弁護士）、さらには*électrice*（女性有権者）や*candidate*（女性候補者）といった単語を造語することを躊躇しなかった（当時、フランスではまだ女性参政権論者は揶揄されていたのだが）。実際、フランス語はたいていの場合、文法的な性を人間の性別と一致させる。

un paysan（農夫）、*une paysanne*（農婦）、*un danseur*（男性ダンサー）、*une danseuse*（女性ダンサー）のように。だから慣用にしたがえばきわめて論理的に、女性をしめすときには地位、称号、職業の名前が女性化されていくのは当然であるし、言語の構造上やむをえなければ、男性形にそのまま女性の冠詞をつけて女性名詞化するというのはごく自然である。*une dentiste*（女性歯科医）や *une ministre*（女性大臣）といった具合に。

（10）モーリス・グレヴィス『正用事典』第十二版、パリ、デュキュロ、一九九一年、七九五ページ

　こうした傾向はただしい。もちろん女性形がまったく存在しないというケースにぶつかることもある。その場合には女性形をつくりだすしかない。また時代錯誤的な女性形の存在という問題もある。実際、フランス語には婚姻関係的とでも呼ぶべき女性名詞がたくさん存在する。つまり妻としての立場からだけ女性を名ざすような表現である。そうした女性名詞の例はたくさんあるが、たとえば *la pharmacienne* はずっと薬剤師の妻のことを言ったし、*l'ambassadrice* は大使の妻、*la mairesse* は市長の妻のことだった。さらに *l'étudiante* が男子学生の愛人のことを意味した時代もあった(11)！　こうした例の意味するところは明白であり、女性にその夫や愛人の地位（や名前）以外の地位（や名前）をもてなくするような慣習と決別する十分な理由になるだろう。こんなふうに時代遅れな婚姻関係的女性名詞がいきのこっているおかげで、女性は夫がもつ称号をうけとることができる。が、称号というものはそれに値する女性に付与されるべきなのである。こうした時代遅れの習慣を擁護するモーリス・ドリュオンは女性名詞のあたらしい使用法の問題をまったく理解

していないことを露呈している。かれは新しい女性名詞の造語を「文法的な誤解[12]」と糾弾しているのだが、元アカデミー・フランセーズ常任書記ドリュオン氏はむしろ彼自身がおちいった歴史的誤解と時代錯誤についてよくかんがえてみるべきだろう。

（11）『正用辞典』前掲書、七九一ページ

（12）「アカデミー・フランセーズの保護者たる共和国大統領閣下への請願」（《フィガロ》紙、一九九八年一月九日）

フランス語は家事労働や手仕事については女性名詞をつくることをためらうことはなかった。アカデミー・フランセーズも「パン屋、豚肉屋、食料品屋など商店にかんしては女性の職業名を使用する慣用がむかしから確立していた」とすすんでみとめている。しかし高貴な職業やたかい地位には女性名詞は不適切だとアカデミーはかんがえているようなのだ。洗練されたある才人は公職の称号を「性化」することは女性からその真の獲得物、すなわち「権威と責任と権力」を剥奪する結果になるだろうと述べている。なぜなら「権力という単語（*le pouvoir*）は文法的には男性だからである[13]」。なんたることか！　文法学がこんな怪しげな主張のために利用されていいものだろうか。こんな性差別主義的な詭弁に深入りしても無駄であろう。どうみてもそれはフランス語という言語の精神には反するものなのだ。フランス語はあらゆる可能性と戯れる力をもっている。名詞の性と人間の性を一致させることもできるし、ときには規則からの逸脱もある。さらには男性形と女性形がびっくりするようなまぜあわされ方をする場合もある。フロベールはジョルジュ・サンドへの手紙で「親愛なる〔＝女性形形容詞〕善き〔＝男性形形容詞〕師よ」という素敵なよびかけ方を

しているのである。

(13) マルク・フマローリ「中性論争」(《ル・モンド》紙、一九九八年七月三一日)。傍点アガサンスキー。

だれも言語の構造を混乱させたいとはおもっていないし、どんな場合でも男性名詞にくわえて女性名詞をつくるべきだと主張しているわけでもない。たとえば両性がふくまれる場合には男性の複数形で代用する方が便利だろう。読者によびかけるときに「男性読者および女性読者の方々」と言うより「読者諸兄」と言い、「男性住民や女性住民」と言うより「住民の皆様」と言う方が経済的である。とはいえ、文法家たちが「男性名詞が女性名詞に優越する」と表現するこの経済原則は名詞の性をめぐる文法的闘争の一種なのであり、男性形がいまのところこの戦いに「勝利」しつづけているというだけのことなのである。が、いずれにせよ、女性薬剤師(*la pharmacienne*)とか女性代議士(*la députée*)、女性秘書(*la secrétaire*)、女性国務大臣(*la secrétaire d'Etat*)、女性警官(*la policière*)、女性弁護士(*l'avocate*)、女性歴史家(*l'historienne*)あるいは女性哲学者(*la philosophe*)などについて語るとき、この経済原則は問題にはならない。他の場合でもそうだが、社会生活に女性が進出し、可視性がましてきたのだから、今後はまちがいなく、言語的・象徴的領域においても男性形・女性形の両方を使用したり、両性に共通な形態(その場合は限定辞をかえるだけで性を明示できる)を使用することになるだろう。マヌカン(*mannequin*)やモデル(*modèle*)、スター(*vedette*)、弱虫(*mauviette*)のように生物学的性と文法的性のズレをあいかわらずもった単語が怪しげな光をはなちながら存在しつづけるとしてもそれはそれで結構なことである。

本書におけるわたしの一貫した主張はこうである。性の二元性を人間の存在自体にかかわる普遍的条件とかんがえるにせよ、特有な文化的・歴史的形態をともなった社会的分化の結果とかんがえるにせよ、それは簡単に還元されたり、のりこえられたりするものではなく、ただ、そしておそらくは永遠に、作業することができるものである。つまり両性間の関係とおなじように、この二元性についての思考は時間のなかでたえず変化していく。

性の二元性は頑強であり、多様な解釈をつうじて存続していく。のみならず、フェミニスト的政治学は性の二元性がわざとらしく否定されたとき、それになんの期待ももってはならない。ここでもう一度あらためて強調しておきたいのだが、両性の差異を考慮しないと主張されるときにはいつでも女性的なるものが抹消される結果になっているのである。

二〇〇一年一月

前書き

こんなに本を書く意欲がたかまったことはなかった。わたしはなにもかんがえず、やりかけの仕事もほうりだしてとりかかった。まるで個人的な必要性にせまられたみたいに。

もちろん当時の状況も無関係ではなかった。一九九六年六月、女性政治家たちが超党派で男女同数制《パリテ》を主張するマニフェストを発表した。それは議会における男女の実質的平等を実現するために積極的な措置を講じることを要求するものであった。男女の実質的平等とは数の上でのバランスという意味でもあった。当時、フランスで国民議会における女性議員の比率は五・五パーセント、上院でも五・六パーセントにすぎなかったからである。男女同数制《パリテ》がとつぜん公の場でさかんに議論されるようになって、わたしもながい眠りからさめたようになった。当時、わたしは「女性問題」やフェミニズム運動に少々飽きをかんじていた。フェミニズムは、すくなくともフランスでは、その目的の大半を達成してしまっていたようにわたしにはおもえた。その頃、たまたまフェミニズムの歴史にかんする本が必要になり、わたしは書棚をさがした。そしてそのとき、「女性問題」関係の書籍や雑誌の大部分が棚の上のほとんど手が届かない高さにおかれていることに気がついた。本にはホコリがうずたかくつもっていた。それをみてわたしはとつぜん、一五年来、わたしがどれだけこの問題に無関心でありつづけていたかおもいしらされたのであった。

どうしてこんなに急にこの問題に関心が集中したのかと言うと、それは世論の多数が男女同数制《パリテ》を支持していたにもかかわらず、肝心の女性たちの意見がおおきくわかれていたからである。周知のとおり、右派（のみならず左派）の保守主義者たちのなかにも男女同数制《パリテ》の熱心な支持者はいたのだが、その一方できわめて激烈な反論がフェミニストの陣営からだされていた。

男女同数制《パリテ》は女性が男性と政治的権力を共有するという前代未聞の要求をふくんでいたのだが、論争がすすむにつれてつぎのようなことがあきらかになった。すなわち、以前にはフランス社会において両性の平等やフェミニズム運動の妥当性という一般的な問題にかんして漠然としたコンセンサスがあったが、男女同数制《パリテ》の理想はそうしたコンセンサスを文字どおり空中分解させてしまった。

わたし自身は何人かの先駆者が以前から主張していた同数制要求をその独創性と大胆さの故に支持するようになっていた。

わたしが男女同数制《パリテ》をとりわけ興味深いアイデアだとおもったのは、それが同時にふたつの観念を包含していたからである。つまり男女同数制《パリテ》は性的差異にひとつの政治的意味をあたえ、性的差異の問題にあたらしいアプローチの仕方をしているのだが、さらに男女両性間の平等をよりよく、そしていまとは違ったやり方で実現するよう義務づけることによって民主主義そのものにたいするあたらしいアプローチの仕方にもなっているのである。

こうしたかんがえは公の場で議論する価値があった。だからわたしは議論に参加し、自分のかんがえを明確化するために、すぐに女性問題や男女混成性《ミクシテ》について再考しはじめた。なぜなら、人間は単一ではなく二重であり、一ではなく分割されているからである。人間が分割された存在であるという事実こそ熟慮されなければならない問題なのである。

男女同数制《パリテ》というこの〈諍《いさか》いのリンゴ〉が女性政治家たちの統一行動がうみだした果実であったということは決して偶然ではない。政界における男女格差ははっきりとひどい状況であり、この点で民主主義はおおいに改善すべき点があるという確信をみんながもつようになっていた。だからこそ男女同数制《パリテ》という急進的な主張もうまれてきたのだ。そしてこれもまた偶然ではない。というのもこれまではフェミニズムは狭義の意味での政治闘争に女性固有の要求をもちこむことをさしひかえてきたからである。

たしかに女性解放は明白に政治的な性格をもった闘争であった。しかしその争点が具体的な形であらわれるのはとりわけ法律や社会の領域においてであった。また性的差異にかかわる思索の作業は哲学や人間科学、文学の領域でおこなわれ、その成果は実りおおかった。それにたいして権力や政治組織にはだれも関心をもたないようだった。

第二次大戦の終わりから一九九〇年代にいたるまで、女性たちはどちらかというと権力や政治に直結する問題を敬遠してきた。もちろん政治にかかわる女性もいたが、そうしたひとたちは女性特有の政治運動が必要だとはかんがえなかった。とりわけ左翼の女性たちがそうだった。彼女たちはマルクス主義や社会主義の分析にもとづいて革命闘争に信頼をよせ、それによってあらゆる形態の疎外に終止符をうつことができると信じていた。当時はシモーヌ・ド・ボーヴォワールでさえそんな風にかんがえていたのだ。一九六八年以降のフェミニズムもおなじように政治権力という問題そのものを無視した。それはその前の世代とおなじ理由のためである場合もあったし、またそれとは正反対に既存の（男性中心主義的）政治秩序にたいしてラディカルに抵抗すべきであるという主張のためである場合もあった。その頃、ＭＬＦ（女性解放運動）のなかには、国民議会における女性の過小代表問題〔訳注：女性議員のすくなさ〕に関心をもつどころか、そもそも女性は「表象〔＝代表〕不可能な存在である」と断言するものさえいたのである。

要するに、政治権力にたいする女性の無関心はふたつの状況の結果だった。そのひとつは権力の存在そのものにたいする異議申し立てがなされ、民主主義に不信がもたれるという全体的な政治的状況である。そしてもうひとつは歴史的・道徳的・文化的状況である。つまり女性は避妊・妊娠中絶の自由など、政治権力の問題より優先すべき問題があるとかんがえていた。実際、そうした自由こそ女性にとってもっとも緊急に獲得されるべき権利であった。

ベルリンの壁の崩壊、階級闘争や国家の消滅を主張するイデオロギーの衰退、全体主義の悪夢の後の法哲学や人権思想の覚醒……、こうしたことがらすべては民主主義を復権し、その原理や機能にかんする再検討をうながした。女性が政治にあらたな関心をよせるようになり、それにともなって男女同数制《パリテ》という前例のない要求をするようになったという事実はこうした文脈のなかでかんがえられるべきである。

男女同数制《パリテ》というあたらしい目標が設定されることによってフェミニズムに潜在する矛盾があきらかにされたのだが、それは男女同数制《パリテ》が性的差異を政治化したからに他ならない。第一世代のフェミニズム、シモーヌ・ド・ボーヴォワールの『第二の性』の分析に影響をうけたフェミニズムは主として権利と条件の平等化という観念に依拠し、個人の性別を考慮されない権利を要求していた。それにたいして男女同数制《パリテ》は性的差異をかんがえなおすことを要求する。いまもなお「非差異主義」的立場をとる女性は比較的少数である。女性の地位を向上させたいと願う女性の大半は性的差異を考慮にいれ、政治的立場の違いをこえて結集した。かつて妊娠中絶の合法化のために結集したように、今日、男女同数制《パリテ》の必要性を訴えるために(14)。

(14) シモーヌ・ヴェイユやジゼル・アリミが特記できるが、さらにモニック・ペルチエ、イヴェット・ルーディー、ヴェロニク・ネイエルツなど。

国民を代表するべきなのに事実上男性の独占になっている議会を実質的に男女混成的《ミクスト》にするよう要求する男女同数制《パリテ》論は性にかんする中立性・無関心という普遍主義的な教義とは決別する。国民やその代表は男性ないしは女性という性別をもった個人であり、公的なことがらにたいしてもそうした存在として対応すべきだと男女同数制《パリテ》論はかんがえるのである。

しかし先走るのはやめよう。わたしはそうした点を本書であきらかにしようとしているのだから。ただこの点だけは言っておくことにしよう。男性と女性のあいだで権力を共有するという意志が正当化されるとすれば、それは性が普遍的な差異的特徴であるということをみとめるからに他ならない。性は社会的・文化的さらにはエスニックな特徴というのではない。つまり性は言語や宗教や居住地のようななんらかの「共同体」に共通した特質というのではない。要するに人類は男性と女性というこの二重の形態をもってはじめて存在しうるのである。

将来どんな性の政治学が構築されうるのか、また現在、女性をめぐる政治がどういう状況にあるのか、こうした問題をかんがえるためにわたしはまずつぎのような問題――非常にむずかしく、決定的な解答をあたえることができない問題――についてかんがえなければならなかった。すなわち、ジェンダー的差異の根拠となる性的差異とは何なのかという問題である。性的差異があるためにいかなる文化においても男性的なるものと女性的なるものが、男性と女性が完全に同一視されることは決してないのである。

どなたも予想がつくことだろうが、差異をめぐる謎がすべて解明されることはないだろう。というのも、自然は生殖には雌雄ふたつの起源が必要という原則をつくって差異を強制するのだが、その差異に意味をあたえるのは社会であり、文明なのである。だから性的差異についてなにかの真理があるわけではない。それに意味をあたえ、解釈し、文化へと変化させる人類のおわりなき努力があるだけなのだ。この点をきちんと認識していたら、われわれが提起すべきなのはおなじように政治的問題であることが理解できるだろう。すなわち、今日、われわれが人類の男女混成性《ミクシテ》にたいしてどのような意義をみとめ、どのような意味をあたえようとしているのか、という問題である。

われわれはそうした解釈のたんなる中立的傍観者にとどまることはできない。われわれは差異の理論や、文化、とくにわれわれの文化における男性と女性の位置にたいして当事者として関心をよせる。だから性の序列や男性モデルの優位化を徹底的に批判しなければならない。しかし同時にわれわれは性的差異が存在することをみとめ、そこに人類の多様性の起源があることを認識し、それに立脚しながらあたらしい権力共有の仕組みを主張しなければならない。

わたしが本書を書きたいとかんがえたのは以上のような理由のためであった。本書は哲学的考察であると同時にマニフェストでもあり、論証を展開すると同時に選択を明確に言明してもいる。本書においてわたしは、人間が男女にわかれているという事実をやっきになって無視したり否定したりする必要はないということをしめしたかった。人間の二元性から発する多様性、非対称性さらには葛藤は、人間にとっても、人間集団にとっても、不幸なのではなく、ひとつのチャンスなのだ。両性のあいだで諍《いさか》いがおこるかもしれないが、そうした対立をこえて、人類の普遍的男女混成性《ミクシテ》というこの本質的な（しかしおそらくあまりよく理解されていない）価値にかんしてひとびとは意見の一致をみるべきである。そうすれば男女の違いだけではなく、より一般的な形で、他者をみとめるという態度にみちびかれることになるだろう。

異性とはわれわれのひとりひとりにとってもっとも身近なよそ者ではないだろうか。だから、性的差異がどんなふうに容認されるか、あるいは逆に否認されるかという問題は、政治的にきわめて重要な問題なのである。というのも、他者一般にたいする考え方は異性をどうかんがえるかという問題におおきく依存しているからである。

差異

人間の二元性

世界が存在するためには一から二に移行しなければならない。そして「二」は多数へ、何千、何百万へとつながる道である。二とは言わば多数への第一歩であり、オープニングであり、誕生なのである。

ジャン＝クリストフ・バイイ(15)

人は女の子とか男の子としてうまれ、そして女性や男性になる。他の大部分の生物種とおなじように人類はふたつに、そしてふたつにだけ区分される。この区分は人類全体をおおっており、例外はない。つまり男と女は二元対立的である。言いかえれば、女でないすべての人間は男であり、男でないすべての人間は女である。それ以外の可能性は存在しない。

(15) 『言語の特性』スイユ、パリ、一九九七年、三七ページ一見単純にみえるこの二元性は周知のようにその背後に錯綜した問題をふくんでいる。自然は時に性の境界を明確にすることをためらい、ふたつの性の特徴を同時にそなえた人間を発生させる。しかし本当の問題はそこにはない。両性具有など例外的な現象でしかない。真に重要なのは性的アイデンティティ一般をめぐる問題である。というのも性的アイデンティティは解剖学的特徴だけで決定されるのではなく、心の意識的・無意識的選択にもかかわっているし、また社会が提供するモデルにも左右されるからである。各人が自分の性的アイデンティティを認識する仕方、性的欲望を生きる生き方、そうしたものを単純な形であらわしたり、二者択一的選択に還元することはできない。人類という種の二元性は各個人のなかにもみとめられる。つまり、男でも女でも、すべての人間はある程度まで同時に両方の性がまざりあった存在なのである。そしてそれはこのましいことだ。人類の二元性について語ることは、ただたんに人類がふたつの構成要素からなっているというだけではなく、さらに各個人がみずからのうちにもつ二重性をみとめることでもある（それは「個人」（＝「分割されないもの」）という言葉が示唆するイメージと反するようにみえるかも知れないが。）このように人類が二元性をもっていると認識すれば、人は自分が異性にとって他者であることを自覚するだろうし、またそう自覚すべきである。

性の境界線は男性・女性を問わずすべての個人を横断し、だれもがある程度までは両性具有的である。この両性具有性という問題はとりわけフロイトが指摘して以来よく知られるようになったが、しかしそれは人類の二元的構成という事実そのものをゆるがすことはない。それはただ各主体のなかで、意識的にあるいは無意識的に、男性的なるものと女性的なるものが同時に関与しながらきわめて多様な形で作用しあうことを可能にする。そこでは男性性と女性性という対立するふたつの要素がただたんに並列的に共存しているだけという場合もあるし、またそのふたつが交互に出現したり、葛藤的な関係にあったり、さまざまな形で妥協しあうという場合もある。

性にもとづいた人類の二元性が本書の主題なのだが、もちろんわたしは各人がなにより一個の独自な存在であることをわすれているわけではない。だから、性であれなんであれ、ひとつの特徴をもとに、個人を同類の集団のなかにひとくくりにすることなどできない。しかし各個人が絶対的な独自性をもっているからといって、種の問題を無視してもよいということにはならない。

生物学的アイデンティティと心理的アイデンティティ、解剖学的性と社会的性《ジェンダー》はかならずしも一致しない。しかしだからといって差異という原理自体がなくなるわけではない。性転換をしたいとおもう人もいるし、さらに現在では外科手術で実際にそれをおこなう人もいる。しかしそれでも生物学上の性的差異の存在そのものを相対化することは適切ではない。というのも個人からそのうまれつきの性に固有の肉体的特質を除去することはできるが、もうひとつの性のそれをあたえることはできないからだ。男性や女性に伝統的にわりあてられている行動モデルを意図的に逆転させ、父親が母親の役割を演じたり、あるいはその逆がおこなわれたりすることもある。しかしだからといって、それぞれの文化において性にかかわるモデルが二極性をもっているという事実自体にかわりはない。そうしたモデルが逆転されうることもあるという事実はただそれが部分的に慣習にもとづき、そのかぎりにおいて変更が可能であるということをしめしているにすぎない。だからひとはそれを変更することはできる。しかしそれは同時に差異が存在するという事実を証明してもいるのだ。実際、いかなる文化も差異を無視することはできない。

性の逆転と呼ばれる現象自体、性の二元性が必然的であるという事実を再確認しているに他ならない。うまれつきそなわったもののかわりに自分の「本当の性」に合致した性器を外科医につくってもらう――これが「性転換」だが、それを望む人は肉体的な性の区分を魂のもっとも奥深い所に位置づけようとしている。そうした人は自分の魂の奥底にある性的アイデンティティが生来のものであり、それが強力に自分の存在を主張しているとかんじる。彼（あるいは彼女）はこう言う、「自分の《魂》は男性の肉体のなかにいるけれど女性の魂なのだ（あるいはその逆）」と。彼（あるいは彼女）は魂が肉体以上に強力に性化されているとかんがえている。しかし肉体的に性転換を希望する性転換症《トランスセクシュアル》患者は、精神的にも、解剖学的・社会的にも自分の性別を明確にしようとする欲求をしばしば悲痛なまでにしめす。彼らは自分がもちたい（あるいはそうありたい）とかんがえている性別《ジェンダー》に特有な肉体的・象徴的属性をすべて身につけたいとつよく望む。かれらにとっては、ただひとつの性的アイデンティティをもつことがどうしても必要なのである[16]。つまり、性転換症の存在もまた性的二元対立のプレグナンツ〔訳注：知覚したイメージをもっとも単純で安定した形として把握しようとする心的傾向。ゲシュタルト心理学の用語〕を強化しているのである。女性が自分を「女性とかんじることができず」、また男女以外の第三の可能性がないために仕方なく男性と自称する場合もあるが、それもいま言った事実の例外ではない[17]。性転換症は現代特有の「異性装嗜好」とはまったく無関係である[18]。というのも性転換症患者は異性装に満足しない。彼は自然をつよく信奉し、性とジェンダーをむすびつける絆が専制的な力をもっていると信じているからである。彼にとって衣服は補綴器具ではないし、ましてや性器ではない（性器なら実物を移植してもらえると彼は信じている）。そもそも性転換症患者が異性装のようなみせかけに満足できるなら、彼に外科医など必要ないのである。

(16) わたしはこの文章を性転換症患者自身の発言をもとに書いているのであり、それについての精神分析学的解釈に依拠しているのではない。

(17) カトリーヌ・ミヨ『第三の性、性転換症試論』第十一章「ガブリエルあるいは天使の性」、《ポワン・オール・リーニュ》叢書、パリ、一九八三年、一二八ページ参照。

(18) ジャン・ボードリヤールはまちがってそのようにかんがえているようであるが。（『トータルなスクリーン』ガリレ、パリ、一九九七年、一九ページ参照）

われわれは性的アイデンティティはたえず演じなおされなければならず、自分がいま「そうである」ものになるためにはいつもそれに「なにかをつけくわえ」なければならないということを十分に、直感的に理解している。女性がハイヒールをはいたり、唇にルージュをつけるとき、彼女は自分が女性に変装しているという意識を完璧にもっている。しかし「人はみかけによらぬもの」というこ とわざとは反対に、服装さえかえればひとは男にも女にもなれるというのだろうか。これは「自然はもう存在しない」という主張が一般化してからよく言われるようになった意見であり、高邁な理想を擁護するためにしばしばくりかえされた見解である。自然を沈黙させなければならない、われわれはこれまであまりにも自然に語らせすぎた、すべての不平等、すべての不正義はそこに原因がある、こんな風にひとびとはかんがえた。こうして自然は消滅し、そして同時に性も消滅する。差異は歴史、文化、衣服の問題にすぎなくなる。

しかしいまやふたたび眼をひらくときだ。性的差異がつねに表象され、演じられ、象徴化されるものであったとしても、それは性的差異が存在しないとか、自然に根拠をもたないということを意味しない。女性はいつでもちょっとばかり女性に「変装」する（おそらくその程度は今日減少しているのだろうが）。しかし男性に変装することにはかなりの抵抗感をかんじる。男性が女性に変装する場合も同様だ。コレットは作中人物のアマリアにこう語らせている。「おわかりでしょう。女性は女性でありつづけているかぎり完璧な存在です。彼女にはなにも欠けていません、《女友達》にたいしても。でも男性になろうなんて気をおこしたら、グロテスクですわ(19)。」

(19)『純粋と不純』、リーヴル・ド・ポッシュ、パリ、一九九二年、一一二ページ

異性装嗜好者に魅力がないわけではないが、その魅力はだれの目にもあきらかなその曖昧さにある。彼らはつねに人を困惑させ、不安をかんじさせる。というのも彼らは同時にふたつの性的アイデンティティをしめしているからである。われわれの視線はその性を同定することができず、そのために眩暈をかんじる。しかしこれは人間の性的二元性をもとに演じられたゲームに他ならない。そうした意味でここでもまた人間の性的二元性という事実がもう一度確認されることになるのである。

性にかかわることのすべてが自然に根拠をもつとかんがえるのは単純すぎる見方だが、性的差異が恣意的な歴史の構築物にすぎないと断じることもそれとおなじように短絡的だ。性的差異は現実に存在する。それは自然に存在する身体的要素から由来する。ただ、自然のままでは、それはなにも意味しない。文化が介入してはじめて意味をもつのだ。つまり解釈され、変装させられたそのときにはじめて。

文化とは衣装や補綴器具でもって自然に存在するさまざまな差異を演出する技術であると言える。だから性的差異という問題は科学者や哲学者より芸術家の方があつかい方がうまい。科学者や哲学者はいつでもベールをとれば真理があらわれてくると信じてしまうからである。

しかし人間というものは自然に〔＝本性的に〕変装する動物である。衣服《アビ》や習慣《アビチュード》をもたない人間は存在しない。衣服や習慣は自然にたいして癖〔＝襞〕をつける手段である。したがって自然には癖〔＝襞〕をうけいれる適性、ある種の柔軟さ、一種の可塑性がある。（性的差異という問題はつねにモードの問題とかさなる。逆に言えば、モードの諸技術は本質的に性的差異にかかわるのである。）

要するに、差異の造形的表現や特徴の強調、形式との戯れ――こうしたものにたいするわれわれの嗜好の起源は人類という種に自然にそなわったあのヴァリエーション、つまり男性・女性の身体を形成するもととなる性的差異以外にはありえない。人間という造形物が自然にもつ二元性は根源的なテーマであり、そこから芸術のさまざまな形式的変種が発明されていくのである。

性の二元性のあらわれ方はさまざまだが、人間がその外にでることはまず不可能である——これがフランソワーズ・エリチエの『男性的なるものと女性的なるもの——差異の思考(20)』の結論のひとつである。すなわち、人類学者エリチエは生物学的生得的与件としての性的差異がひとつの包括的構造を提供しており、すべての文化はそれぞれのやり方でそれを翻訳しているという事実をあきらかにしている。自然が差異を提供し、その差異の読解が男性・女性という対概念をうみだし、それが普遍的象徴的アルファベットとなる。各文化はこのアルファベットをもとにそれぞれの「文章をつづる」。つまり、それぞれの社会は男性的なるものと女性的なるものをさまざまに組みあわせた文化的構築物や社会的組織を発明する。この点についてはわたしはフランソワーズ・エリチエの議論を踏襲するしかないのだが、生物学的事実に「根ざした」男性・女性という差異はそこから出発して社会を構造化するモデルを構築する。これは世界のどこにでもみられる普遍的な事実だ。ただ、男女の差にたいしてあたえられる価値や意味内容はそれぞれの文化によってさまざまである。

(20) オディル・ジャコブ、パリ、一九九六年

しかしわれわれはまた、いままでのところ、性的差異がいつでも、またどこでも、上下関係を意味するという点もみとめなければならない。つまり男性・女性というカテゴリーがどんな分野に適用されるにせよ、男性的なるものはつねに女性的なるものの上位におかれる。フランソワーズ・エリチエはこれを「性の差異的価値づけ」と呼んでいる。性的差異はいたるところで事物を構造化する役割をになうというだけではない。ふたつの性が同等の価値をもつことは決してなく、男性的な

るものはつねに女性的なるものに優越するのである。

こうした序列づけは意外な分野においても確認できる。たとえばデッサンと色彩のどちらが重要かというふるくからある論争を一九世紀にふたたびとりあげたある理論家はこんな風に書いている。「デッサンは芸術における男性であり、色彩は女性である。（……）だからデッサンは色彩に優越していなければならない(21)。」一方、マチスは色彩を絵画の本質的要素であると主張するのだが、そのときかれは色彩が絵画のなかの男性的要素であり、デッサンは女性的部分であるとする……。

(21) シャルル・ブラン『デッサンの諸芸術の文法——建築、彫刻、絵画、造園、版画……』（初版一八六七年刊）第三版、パリ、一八七六年、二二ページ

このような序列の存在はすべての男性中心主義的システム、つまり男性を中心や頂点におくシステムにおいて明白にみられる。男性中心主義は社会組織のみならず表象や概念の体系においてもみることができる。それは、後にみるように、性の二元性を消しさり、男性的であるにすぎないものを「普遍性」と偽装することによって、性の二元性を隠蔽する手段となっている。

性的差異を消滅させることはできないし、また性的差異がとりわけ親族構造を通じて社会を構造化する役割をもっていることも否定できない。さらに、西欧の伝統が男性中心主義によってつよく刻印されていることもまた事実である。しかし、そうした性にかんする旧来の序列を変化させ、性的差異に別な価値づけをあたえ、男性と女性に別な役割をあたえる可能性がないかかんがえてみる

ことはできる。そして実際、女性歴史家のアルレット・ファルジュはそうした疑問を提起するのである。ファルジュは歴史研究をつうじて「両性間の力関係が議論の対象となり、以前とは違ったやり方でそれが編成される瞬間を歴史のなかで読みとく(22)」ことができるようにしたいと願っているのである。

(22)「性的差異」、『歴史のトポス』(スイユ、パリ、一九九七年、一三三ページ)所収

だれもが知っているとおり、両性の関係を変化させる可能性はある。しかしそのためには哲学か、政治によるしかない。哲学はわれわれの思考方法を変更させることができるし、またそうすべきだとかんがえれば哲学を選択すればよいいし、政治的な勢力や行動が社会の組織、とりわけ両性間の関係を変化させることができるし、またそうすべきだとかんがえるなら政治にうったえかければよい。哲学と政治にさらに芸術をくわえよう。芸術は現実を解釈する力をひそめており、したがってそれを変革する力をもっている。われわれはいかなる自然科学によるよりも神話や文学、詩、絵画、演劇、オペラ、映画、舞踏によって男と女について知ることができる。

人間科学は、心理的なものもふくめて事実を研究し、現実を記述したり、現実を理解可能なものにするための概念をつくりだすと主張するが、そのためにしばしば人間的現実が芸術(=人為)、つまり文化化された自然に属し、変身が可能であることを忘れてしまう。現実をそのあるがままの姿においてとらえようとするとき、事実の慣性力や構造の安定性を絶対的で不変な必然性の結果とかんがえて保守的な思考の罠におちいってしまう危険性がいつもある。

精神分析学や人類学が男性中心主義を概念として導入するようになったのはそのためだ。実際、そうした分析に内在する男性中心主義的概念構成は無意識の形成や親族構造の分析からひきだされたのである。ジャック・ラカンはクロード・レヴィ＝ストロースに依拠しながら、平然とつぎのように語る。「象徴界はその最初の機能において男性中心主義的である。それは事実である(23)。」この「事実」は親族間の婚姻システムにおける女性の位置と関連しているわけだが、ラカンはそれが歴史の流れのなかでさまざまな修正をうけてきたことは熟知していた。しかしそれでもなおラカンは男性中心主義が「基本的」であり、それによって「恋愛関係における女性の非対称的立場を理解する」ことができると主張しつづけたのである。

(23)『セミネール』第二巻、スイユ、パリ、一九七八年、三〇三ページ（傍点アガサンスキー）

たしかに、男女混成性《ミクシテ》を思考するということは差異と差異が含意する非対称性を思考することである。しかしだからといって男性中心主義が歴史の影響もうけず、時の流れによって変貌させられることもない本質的な与件であるとかんがえなければならないということはない。今日の非対称性は昨日のそれとは同一ではない。女性が妊娠をコントロールできるようになったという事実ひとつかんがえるだけで十分である。女性が所有するようになったこのあたらしい力はきっと象徴界に影響をあたえ、無意識に波紋をもたらすだろう。その影響のおおきさはいますぐには測りがたいほどの。

ラカンにおいて象徴界における「男根《ファロス》の優位性」として表現された男性中心主義は、フロイトにおいてはリビドー論として展開される。すなわちフロイトによればリビドーは一種類しか存在せず、本質的に男性的な衝動的活動なのである。こうした立場の結果、フロイトは女性の性行動《セクシュアリティ》についていて受動的目的をもった衝動という概念をつくりあげることを余儀なくされた。しかし彼の能動・受動というカテゴリーの使用法はきわめて曖昧で、いくつかの疑問がわいてこざるをえない。衝動的エネルギーが能動的でありうるということは理解できる。というのもそれは満足をえるために行動するよううながすからである。しかし衝動の目的そのものが能動的であったり受動的であったりするというのはどういうことなのかよく理解できない。フロイトは、西洋の他のおおくのひとびと同様、つねに盲目的に能動性を男性に、受動性を女性にむすびつけ、こうした概念的序列の起源や意味について自問しようともしない。

男性中心主義が執拗に存在しつづけるのは男性が支配的な傾向をもっているからだけなのだろうか。また、理論という点からかんがえれば、これまでは大規模な理論的構築物の作者がつねに男性であったという事実が原因になっているのだろうか。

わたしはそうはおもわない。多分、もっとふかいところで、分割にたいする形而上学的恐怖が男性中心主義の原因となっているのだ。一般的に思想は、とくに西洋思想は、唯一の存在にたいするノスタルジーをかんじる。唯一の存在、それは思考の休息であり、人はそこでたちどまることができる。「一」というのは水の底のようなもので、不動だからひとびとによって望まれるのである。それはすべてに幕をおろすことを可能にする。思考のすべて、あるいは世界のすべてに。唯一の存在は自分自身に幕をおろす。

それにたいして分割とは始原の単一性にもどろうとしないかぎりは未来へむかってみずからをひらく構造となる。「二」とは隔《へだ》たりであり、亀裂であり、間隙の運命であり、展開の必然である。だから事物や存在の起源に二元性があるとかんがえることが困難なのである。というのも人は起源に絶対的発端の充実があってほしいとおもうからである。一般的に言って、なにかの原因や起源や原理をもとめるとき、人は唯一の、そして単純な答えを期待する。人類の二元性というかんがえはこの単純さの欲求に反する。だから人はつねに二を一に還元しようとしてしまう。こうしてイヴはアダムからつくられたということになり、男性のみが生命の種をもっているとかんがえられ、最終的に性器はひとつ、男根《ファロス》しかないとされる。分裂にたいする不安は政治の世界にもその影響がみられるのだが、それはおそらくたんに性的差異の経験やその無意識の解釈のみに由来するのではない。それは思考が差異一般と遭遇するときにかんじる困難さとむすびついている。ライプニッツは「何故なにかがあり、なにもないということがないのだろうか」と問いかけたが、提起すべきもうひとつの重要な形而上学的疑問は「なぜ、現実は多様であり、一ではないのか」である。

この問題はとりわけ性にかんしては重要である。というのも性の分化のためにわれわれは選択することを余儀なくされるからである。男性となるか女性となるかを選択したり、その事実をみずからうけいれること、男性か女性かどちらを愛するか選択すること。性の分割がつねに自然的であると同時に文化的、現実的であると同時に象徴的、生物学的であると同時に心理的であることをかんがえれば、こうした選択がどうしても複雑な様相を呈するであろうことは容易に想像できる。だから個々の存在についてはそれが複合的な形をとったり、矛盾をふくんだりすることはありうるのだが、しかし一般的に言えば、人間は原初的な二分法とそれがうみだす性の二極化の外にでることはできないのだ。

実際、われわれは人類がふたつに分割されていることについて子供のときから知識をもっている。男女がもつさまざまな「二次」性徴は外からみても気がつくし、性器を実際に目にすることもある。また社会生活のなかで性によって違った特徴があることもあきらかだ。こうしたことを通じてわれわれは性の分割という事実を実際に経験していく。そしてわれわれはこの人類の分割という秩序のなかにわれわれ自身をくみこみ、男性と女性のどちらかに自分自身を位置づける。このように、われわれが属する人類の「二元性」はわれわれ自身にとっても明白なのだけれど、われわれはまた同時に、ひょっとしたら自分が性の境界の向こう側にいる可能性もあったかも知れないと想像する。そして頭のなかで、別の性に扮装したり、それを模倣したりすることを想像して喜びをかんじる。つまり、他者とは全面的に別なものというのではなく、潜在的にわたし自身の人間性に属しているもの、わたし自身の可能性の一部を構成しているものなのである。

性的差異は文化のなかにいつも、そしてかならず書きこまれており、それがもつ意味もまた文化のなかでの男女の実質的関係に依存している。だから性的差異の本当の性質とか両性の関係の永遠の法則をいつの日かみいだせると期待してはならない。性的差異というのは自然であると同時に人工的・政治的であり、絶対的に中立的な形でそれを思考することなどできない。本書においてもそれは同様である。しかし人間は性的二元性から逃れられないこと、それをのりこえることなどできないことを自覚してはじめて、性的差異をまがりなりにも思考し、それをみずから積極的にうけいれることができる。

だから、それぞれの社会はそれぞれの時代に性的差異が存在するという普遍的な事実にたいしてそれぞれに独自な解釈を付与する。唯一、変化しない恒常的なものは差異が存在するという事実だけである。性的差異にもとづくヒエラルキーにかんしては、一世紀も前からつよい批判の対象になってきたから、もうそれを不変の法則であるとかんがえる人はいない。西洋世界では女性を古来よりつづいた従属から解放する「革命」がおこったが、これは近代をゆすぶったすべての大事件のなかでもあきらかにもっともふかく、もっとも持続的な革命である。もちろんこの革命はまだおわっていないし、その影響力の最終的な評価をくだすことはまだできない。

両性の政治的関係の歴史ははじまったばかりだ。だからその基礎である人類の混成的《ミクスト》性格をわすれるとしたら、それは愚かしいことである。いままでは、男性たちが歴史をつくり、女性の歴史はその欄外で展開してきた。今日になってはじめて、歴史は、おずおずとではあるが、混成的《ミクスト》になりつつあるのである。

しかし混成性《ミクシテ》の性質そのものに話をもどそう。

人類は性によってふたつに分割されているのだから、人類を単一モデルからかんがえるというふるくからの夢を断念すべきである。そして人類は類似していると同時に差異のあるふたつのことなったタイプによって構成されているとかんがえざるをえない。つまり混成的存在として人類をかんがえなければならないということである。

フランス語では「人間」をしめす単語と「男性」をしめす単語が同一（homme）だから人類が両性で構成されているという事実を表現することがむずかしいという点はすでに述べたが、「人間」の混成性《ミクシテ》はすべての社会に共通な事実である。それは世界のどこであっても、また歴史をいくらかのぼってもそうである。だから古生物学者たちは三〇〇万年以上も前のアフリカの小さな人骨化石が女性だと鑑定し、ルーシーというかわいい名前をつけたのである。

これは性的差異が普遍的であり、今日われわれが知っている人類という種（さらにはその元となった種）にとって本質的な特徴であることをしめしている。人類にはさまざまな身体的特徴をもったグループが存在し、肌の色や顔の特徴、身体的形状はさまざまだが、しかし性的差異はそうした差異をはるかに凌駕する上位の差異なのである。人間はおなじ外観をもっていないし、またおなじ特徴をもったそれぞれのグループは自分の外見を他のものよりうえにおく。しかしそうした外観の差異はきわめて不安定である。人間の顔は世代をかさねるにつれ多少なりと変化していく。人間をいくつかの特徴をもとに分類し、グループ間で上下関係をつけようと欲した時代もあった。人種という概念は、周知のとおり一九世紀以来イデオロギー的に利用されてきたが、とりわけこうしたヒエラルキー的秩序を樹立したいという欲求にこたえるものだった。しかしいずれにせよ、民族的特徴は性的差異にくらべればまったく皮相で偶発的である。人類が今日とはかなりことなった外観をもつようになると想像することは可能だが、そのときでも依然として男性と女性が存在する可能性はきわめてたかい。性的差異が他のすべての差異のモデルとなり、男性・女性のヒエラルキーがすべての民族間のヒエラルキーのメタファーとなったのはそのためである。

以上の予備的な指摘は自明なことがらなのだが、ひとびとは簡単にそれをわすれてしまう。実際、女性について語るとき、まるでそれが「人種」や「民族」のような特殊なグループであるかのようにあつかったり、さらには宗教的コミュニティーや地域の少数民族との類推で語ったりすることがよくある。どうしてだかわからないが、コルシカ人やブルトン人がしばしばこうした比較の対象になる。まるで女性問題が地域分離主義運動や民族的マイノリティの問題と共通点があるかのようにみなされがちなのである。

したがって、ルーシーの存在に感動しながら、男性と女性が全面的に同一であるということはないけれど、しかしあらゆる時代、あらゆる国の女性たちが男性とまったくおなじように人類を体現してきたとくりかえすことは無意味ではない。この事実、つまり女性が男性と同等に、しかし男性とはことなった人間性を所有しているという事実こそ、これまで女性にたいして否定されてきたことなのである。

こうした明白な事実が否認されてきたのは、男性が自分たちだけが人類を体現するとかんがえ、女性は人類からすこし逸れた位置におかれていたからである。女性は男性とは完全にことなった存在だとされていたわけではない。むしろ「男性」より劣った、したがってより人間的ではないものといつもかんがえられていたのである。女性はつねに社会的に、自然的に、さらには存在論的に劣った存在とかんがえられてきた。人類を男性と同一化し、女性を劣った存在、成人と子供の中間的存在とするこのような男性中心主義的な考え方は非常にふるくからある。後にみるように、古代ギリシャ文明においてもその明白な例がみられる。

先に述べたように、性的差異は排中律の原理にしたがう。第六感など存在しないように、第三の性も存在しない。人類の姿をえがくとしたら解剖図のようにカップルの姿をえがくべきであり、男女の片方だけでは不十分である。だから人間にただひとつの顔やただひとつの名前だけをあたえようとするときには、男性か女性のどちらかをえらばざるをえない。そして一般的に人類は「男性（＝人間）」と呼ばれ、始原の人間や模範的人間は男性の姿で表現されてきた。だから女性を発明しなおし、女性がどの点で人間（＝男性）とことなるかを説明するためにはおおいに想像力を発揮しなければならない。

抽象的普遍主義の最大の弱点のひとつは、まさしく両性に分化した人間存在の代わりに性の分化がない普遍的人間という概念をおきかえたことにある。ある種のフェミニズムはそうした普遍主義をナイーヴに採用してしまっているのだが、それにしたがえば、人間は自然的差異をのりこえ、文化的差異を中和化しなければならないということになる。しかし、さまざまな文化に存在する性にかんする人工的・社会的「構築物」にたいして人間の普遍性を対置するのはまちがっている。

その一方で、「男の子」とか「女の子」という区別も「社会的構築物」であるとしばしば言われる。というのも将来もつであろう男性・女性という社会的ステイタスや父親・母親という社会的役割がすでに子供時代に影響をおよぼし、女の子や男の子のあり方を決定するという理由からである。もちろん、男性と女性の差異は、それが社会的な位置やステイタスとかかわるものである以上、つねに、しかし部分的に、社会的構築物である。また男の子や女の子のステイタスは社会がかれらにわりあてた未来によってすでに、そして必然的に印づけられている。しかし社会はそうした未来を無から構築するわけではない。思春期にはかなり顕著な仕方で、自然そのものが男の子や女の子を男性や女性に変化させるのである。社会的構築物も全面的に恣意的・自立的に構成されるわけではない。

性的差異は人間社会において必然的にさまざまな歴史的形をとる。性的差異の定義が困難なのは、そうした歴史的形から性的差異自体を分離することが不可能であるからに他ならない。それをあえて分離するとしたら、ルソーが自然をもとめておこなったのとおなじように(24)、フィクションを構築することになるだろう。それならそれで結構だ。われわれにわりあてられているもの、われわれの身におこること、それに意味をあたえるためには、どんな領域であっても解釈するしかない。フィクションとはそうした解釈のひとつなのだ。

(24) アラン・エチェゴイヤンは名著『女性性礼讃』（アルレア、パリ、一九九七年）でこの自然的差異の探求に再出発する。しかし残念なことに、彼はこの探求において少々ジャン＝ジャック・ルソーの影響をうけすぎている。

自然と文化の区別は概念上はきわめて有用である。しかしそれは性的差異にかんしてはあまり役にたたない。というのも、そこでは自然は身をかくし、つねに象徴的・社会的・文化的・政治的再構成をうけてしまうからである。性がかぶる文化的仮面をはぎとってみればその下に男性や女性の本当の顔がみえる、などということは決してない。その下にみえるのは差異をあらわすもうひとつ別の顔――他で実際にみることができるにせよ、たんなる想像の産物であるにせよ――である。また、ジェンダーという人工的構築物の背後に中性的・無性的主体が発見できるということも決してない。

したがってわれわれは差異の究極的意味は何かと問うてはならない。すべての意味は差異的システムのなかにあることを理解することが大事なのである。性的混成性《ミクシテ》はおそらくそうした差異的システムの主要なモデルなのである。

わたしはここであえて奇妙な表現をつかうのだが、人間の混成性を再考することによって、「人間」の本質の表象の仕方を二重にするようにしなければならない。そして女性が副次的な存在ではなくなり、女性であることに誇りをかんじ、男性とおなじでなくても一人前の人間とみられるようにしなければならない。要するに、女性であっても、自分には何も欠けてはいないと自覚できるようにしなければならない。すべての人間がおしなべて有限な存在であるという意識は別として……。というのも人間の有限性というのは、われわれすべてが死すべき存在であり、性別をもった存在であるという事実から生じるのであって、女性であることから生じるのではないからである。

混成性《ミクシテ》をかんがえるということは自然に存在する差異――それ自体を把握することは不可能であるとしても――が文化によってどんな風に再編成されるかをかんがえることでもある。いわゆるジェンダーにもとづく差異というのは自然な性的差異のとりうる形のひとつであって、それと矛盾して存在しているわけではない。アリストテレスは人間存在における習慣の本質的な役割をみごとに指摘し、習慣がいかにして第二の天性となりうるかを説明している。しかし行動様式が習慣によって（したがって文化や制度によって）変更され、軌道修正され、規制されることがあるとしても、習慣が自然な本性を全面的に否定するということはありえない。石を投げたときに落下しないように石を習慣づけることはできない。それと同様に、人間にたいして自分が性別をもった存在であることを忘れるよう習慣づけることはできないし、また、一般的に言って、たがいに性的欲望をもつことをやめたり、子孫をのこして自分の死後も生きつづけるようにしたいという望みをもたないようにすることはおそらくできない。性的差異はあらゆる社会組織において本質的な役割をはたしているのだが、それ以前にそれは愛や死、生殖の原理となっている。婚姻、葬儀、血縁関係規則、こうしたものはすべての文化の本質的な側面を構成している。たしかにそれは文化によって多様な形をとる。しかし人間は自分でえらんだのではないひとつの条件〔訳注：性的存在であること〕を強制されているのであり、そのために人は愛し、子供をうみ、死んでいく。婚姻・葬儀・血縁関係規則は人間のそうした条件を思考し、そしてそれを生きるやり方であるということをわすれてはならない。愛と生殖と死という人間のこの三つの運命はたがいにきりはなせないものであり、そのすべてが性別をもった存在としてのわれわれの本性にかかわっているのである(25)。

(25)　単細胞生物は生殖ではなく細胞分裂によって増殖する。だからそれは（すくなくとも原則的には）死なない。

したがってジェンダーの違いはたんなる恣意的な文化的構築物ではない。それは死すべき存在たる人間にとって本質的属性である性的差異にたいして意味をあたえるためにあるのである。

植物や花をそだてるように、社会は性的差異をそだて、洗練化する。流儀やスタイルを変化させ、技巧をこらしながら。育てるということは当然、成長させ、壮麗にし、誇張し、自然な特徴を技巧によって飾ることを意味する。たとえば顔に化粧をほどこしたり、身体を服でよそおったりすることによって。民俗学者たちはしばしば、これこれの民族では男性がどう身を飾るかとか、これこれの民族でどんな風に女性が着飾っているかという記述をおこなう。しかし彼らはこうした選択をつうじて表現されているのは差異という事実そのものであることを知っている。男性や女性がそれぞれどんな特徴をもっているかが問題なのではない。強調され、飾られ、よそおわれているのは差異そのものなのである。つまり性的差異にかかわる技術が存在し、それは何千もの多様な形をとる。そしてそれが社会にその特有な外観をあたえる。

それにたいして、ジェンダーの差をなくすことが理想とされるとき、そこにはつねに人為に終止符をうつという夢と、そして同時に——両者は矛盾しない——、人為の発想源となる自然な多様性にたいする盲目がある。

しかし幸いなことに、自然と人為の作用によって差異はつねに復活する。だからいくら同質的な社会を実現しようとしても共同体の内部であらたな特徴・性格・行動の二元性が発生する。大昔から、ジェンダーの差異を表象し、一の二への分割を模倣するためにひとびとは異性装を利用してきた。男性だけのグループ、女性だけのグループの内部においてさえそうしたことがおこなわれてきたのである。すべての社会は両性の差異化を演じる。そして差異が不確実であったり、欠如しているときには――たとえば一方の性だけで構成されたグループなど――、差異がわざわざそこに導入され、それをパロディー化する。これは「一」にたいするノスタルジーはかならずしも多様性にたいする嗜好を排除するものではないということをしめしている。

一様で、自分と完全に調和し、二極的ではなく、内部に不協和音をふくんでいないような人類というのは想像することすら不可能だろう。しかし、もしそうしたものを想像できたとしたら、われわれは恐怖と倦怠に凍りついてしまうだろう。そうした人類において、ひとびとはたがいにきわめて似かよっているから即座にたがいを理解しあう。おそらく性的差異がなければ、個人間の差異だけでは人間はたがいにたいして十分に不透明な存在になることはないだろう。人間はあまりにも確実に調和しあってしまう。この他者の不在は地獄である。だからわたしは差異を解消し、男性と女性の生活様式を均一化することを夢想するひとびとに賛成ではない。そればかりか、もしそれが男女の行動の非対称性を完全に消滅させるという意味だとしたら、両性の生活条件を全面的に平等化することにも賛成できない。たしかに、最終的に重要なのは各個人のかけがえのない特有性である。しかし個人の特有性自体もある種の共通の特徴――そのなかには性やジェンダーを意味する記号表現もふくまれる――とは無関係ではない。

差異のさまざまな表現

セザンヌは「事物を前にして想像的であった[26]」と言われる。これは人間の想像力一般にあてはまるとかんがえてよいだろう。つまり想像力とは現実を想像する力なのである。先に、自然にたいしてつけられた癖〔＝襞〕としての文化について語ったが、それをこんなふうに理解することもできるだろう。

(26) アンドレ・マソン『シュールレアリスムの反逆者――エクリ』エルマン、パリ、一九七六年、一三五ページ

性的差異は自然に根拠をもつけれども、それは謎にみちた「出発点」であり、そこから意味が無限に展開し、性の差異が社会生活のあらゆる側面でさまざまな意味づけをされるようになる。自然は二をあたえ、文化はその二元性から無数の可能な派生物をうみだす。人間は性の存在を前にして想像力をきわめて豊かに発揮し、独創的な創造行為をおこなって差異を多様な形で表現しているの

である。

したがって、性的差異が自然に根拠をもつという事実と自然の秩序に従属すべきであるという判断を混同してはならない。自然はわれわれの発想源となる。しかしジェンダーの二元性がさまざまな象徴的形式によって表現され、多様な社会的構造に翻訳されるという事実をみれば、自然の翻訳の仕方には無限の可能性があることがわかる。翻訳の仕方は自由であり、あるやり方が他よりもただしいということはない。差異にはさまざまな表現形式があり、オリジナルなヴァージョンというのは存在しない。ヴァージョン、翻訳、解釈、こうした言葉はすべて意味と価値を付与するみぶりをしめしている。そうしたみぶりなしには性的差異は無意味なものにとどまってしまうのである。

差異には非常に数おおくのヴァージョンすなわち表現が存在する。権力の分配にかかわる政治的表現。性の形象化すなわち男性や女性を表現し表象するための美学的表現。性による労働役割分担という問題もふくんでいる経済的表現。その他もろもろである。こうした表現やそのヴァリエーションが空間的にも時間的にも無数にあるということをかんがえれば、そのひとつひとつがなにか不易なものを表現しているわけではないとかんがえざるをえない。それが表現しているのはただ差異そのもの、そして差異と誕生・死との関係だけである。すべての有性生物同様、人間の個体は死すべく運命づけられており、「自己再生産（＝生殖）」（このよくつかわれる表現はまちがっている、というのも生殖で「再生産」される個体は同一ではない）によって種としてのみ生存しつづけることができる。性的差異は心理的・社会学的・政治的問題をこえて、最終的にはひとつの問題に帰着する。つまり生と死をむすびつける問題である。わたしがここで問題にしているのは生物学的な運命としての死、生物学者が有性生殖とむすびつける死である。有性生殖と死はともにおなじ「生物の論理」に属している。だからわれわれは性的差異の意味と価値を生殖の問題からきりはなすことができない。ただし差異をどんな風に表現するかという問題は生殖の領域をはるかにこえて、政治学の領域にまでわれわれをみちびいていくのではあるが……。

自然的差異は生殖と本質的な関係をもつのだが、男女の関係が具体的にどのように規定されるかについてはわれわれになにも教えてくれない。というのも男女の関係は契約的だからである。つまりそれは力関係と交渉によって決定される。だからそれは政治的なのである。自然的差異は実在するが、それが直接、社会的・文化的規範をうみだすわけではない。規範はつねに道徳的・政治的・美学的なのである。

したがっていつでも性の政治学が存在する。意識的にであれ、無意識的にであれ、両性はつねに政治をおこなわざるをえない。というのも性の真実とか性的差異にかんする絶対的な知識は存在せず、したがってただしく自明なやり方で性的差異を決定的に位置づけることなどできないからである。せいぜいのところ、ひとつの賭〔＝ゲーム〕とそこに賭けられた複数の賭け金〔＝論点〕があるだけだ。男女関係というのは調整がむずかしく、まただれもそれとは無関係ではいられない。さらに、そこには権力関係も影響する。この問題を高みからながめていることはできないし、それに最終的な裁定をくわえる権利をもっている人もいない。男性も女性も、全員が戦略をくみたてることを余儀なくされている。戦略と言えばどんな場合でもそうなのだが、相手の計算や欲求や利害を考慮にいれながら。

両性の片方が、相手の存在なしに生存したいと望んだり、あるいはそれが可能になるというなら話は別である。クローン技術が完成すればそれも可能になるのかも知れないが、そうでない以上、このゲームをおこなうことは前もって決定されており、不可避である。だれもが自分の力をためし、たえず自分のポジションを交渉し、可能な範囲で自分のとるべき政策を決定していくしかない。

しかし、男女関係が政治的であるという事実は本当の意味ではごく最近まで認識されることがなかった。というのも自然的な条件や現実の力関係のために、ケイト・ミレットが男性の政治学(27)と呼んだものがこれまでは特権化されてきたからである。

(27)『男性の政治学』は一九七一年にストック社から出版されたアメリカのケイト・ミレットの著作のフランス語訳の題名。原題は『性の政治学』（ダブルデイ・アンド・カンパニー、ニューヨーク、一九六九年）である。この本は主として家父長制的支配を告発している。『男性の政治学』というフランス語の書名が選択されたのはそのためである。

わたしは複数の性の政治学、つまり男女両性の政治学について語ろうとしているわけだが、それはどちらかというとつぎのような点を強調することになるだろう。すなわち、男女関係が演じられる舞台の空間的ひろがりは有限だが、そこで演じられる劇には終わりがない――このことを両性はそれぞれ意識しなければならない、ということである。

男女関係は政治的であるのだから、最終的にそれが解決されるとか、いつの日か全面的な平和が訪れると期待することはできない。人間にはむしろ永遠の不協和音がさだめられているのだ。しかしこうした本来的な不協和音がなければ、人間関係からその第一の謎がうしなわれてしまうだろうし、他者のアイデンティティについての疑問も、異性とどう共存するかという問題にかんする疑問もなくなってしまうだろう。不確実さや誤解はマリヴォーの劇の登場人物にとってのみならず、おそらくは最初の猿人にとっても、両性間の関係を構築するためのバネになったにちがいない。規則や策略、妥協がうみだされるためにはズレ、つまり遊び〔＝緩み〕が必要だったのである。

ところで、遊び〔＝ゲーム〕が出現するのは男女両者の性質の違いからだけではない。利害対立と相互依存のためでもある。というのも女性と男性は欲望の満足や生殖のためにたがいを必要とするからである。そしてそこから他のおおくの対立が生じる。そうした対立はおそらくのりこえられることは決してないだろう。しかしそれは嘆くにはあたらない。

ある意味では差異の解消とか、一時期言われたような「ジェンダーの消滅」という理想は個体を画一化することをめざすものであり、全体主義的な欲求を反映したものと言える。性的差異の解消によって葛藤から解放され、同類だけで構成された社会の夢ほど最悪のものはない。「イデオロギーの終焉」とよく言われるが、それは本当は終焉のイデオロギーの終焉に他ならない。われわれは闘争や葛藤（さらには戦争）にも終わりがある（に違いない）とか、いつの日か終わりがくれば葛藤も消滅すると信じることをやめてしまった。われわれはもう永遠の平和や正義の実現、解放の完成などを期待しない。男性や女性の決定的解放や男女の葛藤の永続的解決などもうわれわれは信じはしない。その意味では、解放という近代的な論理にもとづいたフェミニズムの時代は終わった。ただ、それが終わったというのは、本質的なところでフェミニズムが勝利したからに他ならない。すくなくとも西洋文明においては、女性たちが自分の運命に責任があり、みずからそれを思考し、実現しなければならないと自覚するようになったのだから。

性的差異も、またそれに由来する葛藤も超越することは不可能である。そのことを理解したのだから、われわれは今日、男性の側にも女性の側にもかかわらず、人類を混成的《ミクスト》で、したがって内部に他者性を内包したものとしてとらえる普遍的な思考をねりあげなければならない。

差異のさまざまな表現という題をつけた本節でわたしは、歴史のなかで両性の関係が制度としてどんな形式をとったかという問題だけではなく、性的差異のさまざまな解釈が表象や概念システムをとおしてどんな神話的・理論的形態をうみだしたかという点についても論じたいとおもう。

差異の理論は、神話同様、つねに政治的理論である。つまりそれは政治の道具なのだ。その政治が保守的か革新的かは場合による。

ジョン・スチュアート・ミルは「女性の隷属(28)」という表現をもちいているが、これはおそらく性的差異とおなじくらい普遍的な現象である。両性間の関係はどこでも、さまざまな形でつよく序列化されている。男性は自分の権力を確立するが、同時にそれを神話や宗教・イデオロギー・哲学・科学などを利用して正当化する。そもそも権力の根拠とはなにかといったことがらが問題にされることは啓蒙の世紀までなかったから、男性権力にかんしてはなおさらであった。したがって、女性が自分の地位や身分をみずから決定しようとする努力をほとんどしなかったのは驚くにはあたらない。男性が権力を独占し、女性たちは男性が樹立した家族・経済・政治・宗教の秩序に従属していた。女性が従属するのは自然であるとされ、太古からある家父長制度はそうした考え方のうえに男性の実質的な権力を確立する。どんな場合でも政治的な秩序を定着させ、基礎づけるのに自然主義的な理論が利用される。しかし、周知のごとく、「自然的」秩序には人間によるその政治的利用がつねに混入する。自然からあたえられたもの、それは決して無意味なものではないのだが、しかし人間はすぐさまそれを解釈し、価値づけをする。

(28) 一八六九年に発表された『女性の隷属』。マリ＝フランソワーズ・カシャンはこれを『女性の奴隷化』（プチ・ビブリオテック・ペイヨ、パリ、一九七五年）と訳しているが、ここで問題になっているのは奴隷化ではなく隷属という概念であるとわたしはおもう。

たとえばアリストテレスは自然にもとづく性的差異から出発して性を序列化する理論を構築し、それを性的差異が表明されるすべての領域に適用した。生殖における男性と女性の役割を論じた「生物学的」領域や国家《ポリス》における男女の地位をあつかう政治学の領域がその典型である。たとえば彼は生殖においてオスだけが能動的な役割を演じると断言する。というのもオスが提供する精液のみが生殖の原理であり、メスは未来の胎児に質料しか提供しないからである(29)。『政治学』でアリストテレスは支配的メンバーである男性の自然的優越性と従属的メンバーである女性の劣等性という原理のうえに家族制度を基礎づけ、「すべての家庭はもっとも年長の男性によって君主制的形態で支配されている(30)」と断言する。家族について「君主制的」形態と言われるのはメタファーだろう。というのもアリストテレスは通常はこの言葉を狭義の国家政体の意味でもちいているからである。しかし、著作の一番最初の部分で家族に言及していることからもわかるように、アリストテレスの政治学にとって家族や女性は欠かせない要素である。というのも家族においても権威や法が問題になるからである。家族とは父親が全面的に支配する小さな君主制的共同体である。アリストテレスは著作のなかでよく詩人の言葉を引用して歴史の闇のなかに消えつつある真理を語らせるが、ここではホメロスがつぎのような原理を語るために引用される。「各人が子供と妻たちに掟をあたえる(31)。」

(29) アリストテレスのこの生殖理論についてはすでに「一番最初のズレ」という論文で論じた（『人間の終焉』、《スリジー・シンポジウム》、ガリレ、パリ、一九八一年）。

(30) アリストテレス『政治学』一、五、一二五二、b

(31) 『オデュッセイアー』第九書、一一四

これが自然と政治をむすぶ結び目である。男性は「自然」に優越性をもっているから必然的に男性が「掟をあたえる」、つまり政治的秩序を樹立する。さらにアリストテレスが「人間は本性的（＝自然）に政治的動物である」と書いたあの有名な箇所を読みすすんでみると、男性に政治への適性があるのは言葉を所有しているからだとわかる。実際、人間が動物とは違って善悪の感情を集団で共有し、家族や国家《ポリス》をつくりだすのは、人間が「有用なるものと害あるもの」、「正義と不正義」について語ることができるからである(32)。政治を可能にする条件とは言葉であるとみごとに指摘し

たこの文章は、しかし、読者に、とりわけ女性の読者に、ひとつの疑問をよびおこすだろう。人間のうち女性は語る能力をもっているのだろうか、という疑問である。というのも、もし女性がそうした能力をもっているとしたら、女性もまた正義と不正義について語ることができるはずである。とすればなぜ男性だけが女性にたいして「掟をあたえる」ことになるのか理解できないことになる。

(32) アリストテレス『政治学』一、五、一二五三、a

だから、ある意味で女性は語ることができないのだとかんがえざるをえない。それは女性の本性のためであるか、それとも男性の法によって、女性が掟をあたえるために語ることがただしくないとされているためであるか、そのどちらかに違いない。女性や子供をまず第一に法の支配をうけるものとかんがえるアリストテレスは自然なヒエラルキーのうえに家族のヒエラルキーを基礎づけているように一見みえる。しかし女性も完全に語ることができ、またアリストテレス自身、男性も女性も（奴隷ではなく）自由民であると断言しているのだから、女性の沈黙は自然的であるというより政治的なのではないかという疑いをいだかざるをえない。

実際、アリストテレスにおいて男性支配は自然的必然性からひきだされるのではなく、政治的要請にこたえるものとかんがえられている。「本性（＝自然）的に支配するものと本性（＝自然）的に支配されるもの[33]」の違いに直接かかわっているのは主人・奴隷関係である。それにたいして家族が唯一の人間によって支配されることがのぞましいのは、それが共同体の利益になるからである。アリストテレスは男性の権威が絶対的に自明なものではないことをよく知っている。だから彼は性的差異よりも明白で、より自然なヒエラルキー的原理を援用する。年齢の差である。つまり、男性が女性の導き手でありうるのは、夫は伝統的に妻よりも年長であるからである。「一番年長で完全に成熟した人間が年少で不完全な人間に命令をあたえるべきである(34)。」したがって夫婦共同体内部での「永遠の不平等」は女性の本質的な劣等性によるのではなく、成熟した大人の男性と経験のあさい若い女性をむすびつける家族制度そのものに由来する。つまりアリストテレスは夫の妻にたいする権威は政治的権力であり、彼が全面的に自然に根拠をもつとかんがえた主人・奴隷関係とはことなったものであると論理的にかんがえていたことになる。

(33) 同前、一、一、一二五二、a
(34) 同前、一、一三、一二五九、b

性的差異の理論化の歴史をみてみるとたいていの場合、女性の従属を制度化する構造として家族制度がひきあいにだされる。アリストテレスの評価すべき点はそれが政治的性格をもっていることを理解し、論証したことである。制度の秩序は自然的秩序をそのまま反映するのではなく、それを利用する。妻にたいする夫の権威が両者の年齢差にむすびつけられたのはそのためである。男性と女性の地位や役割は自然に定義されるのではなく、家族の生存と持続を確保するために各人がはたさなければならない機能にあわせて制度化される。だからアリストテレスは一般的に信じられているような自然主義者ではなく、ずっと政治的なのである。

「人間は本性的に政治的動物である」という定義のなかの「人間」が男性だけを言うのかどうか判断することはむずかしい。もしそれが男性だけを言うとすると、男性は本性〔＝自然〕的に言葉と権力を独占し、女性は本性〔＝自然〕により従属するということになる。しかし人類一般が政治的動物であり、そしてアリストテレスが指摘するように、男性も女性も自由な存在であるとすれば、結婚した女性の沈黙と従属は女性による政治的同意の結果ということになる。わたし自身はこの第二の解釈の方に傾いているが、これは最初の政治的共同体としての家族という考え方に合致している。家族とは法と制度化された権力関係の発生の場なのである。

アリストテレスのこうした家族にかんする考え方はきわめて男尊女卑的ではあるが、結婚における男女関係が政治的な性格をもっていることをみとめている点で、一見そうみえるよりは開放的である。というのもそれは制度が将来に変更される可能性を否定していないからである。女性が本性的に自由であり、そして女性もまた政治的動物であるなら、女性がいつの日かあたえられた法に耳を傾けるだけではなく、「正義と不正義について語る」ために発言するようになるかもしれないとかんがえていけない理由はない。

そして実際に女性はそうしたのだ。こうして法はもはや男性だけのものではなくなる。そして将来、女性と男性は国家にかかわる仕事を共同でおこなうことになると予言することができる。

以上の家族制度の分析についてつぎの点にとくに留意しよう。すなわち、政治的秩序を基礎づけるのは自然ではない。逆に政治的戦略が自然の理論につねに「作用して」いるのだ。そうした戦略はたんに政治理論の分野だけではなく、自然科学や人間科学の分野においてもはたらいている。両性を序列化しようとする配慮はアリストテレスにおいて『動物誌』や『動物発生学[35]』においてもあらわれているが、この性の序列化はアナロジーの作用によって形而上学の基礎的な概念にも適用される。たとえばアリストテレスは「メスがオスを欲するように質料は形相を希求する」と語っている。

(35)『動物誌』レ・ベル・レトル、パリ、一九六八。『動物発生学』レ・ベル・レトル、パリ、一九六一。

つまり、性的差異は直接的に、いわば生のままで、あらわれることは決してなく、いつも男性・女性という対概念をあらかじめ序列化する解釈をとおして表現される。このことは性的差異のアリストテレス的表現とフロイト理論のようなそれとはおおきくことなった理論的表現とを対比してみるとよりよく理解できる。フロイト理論はアリストテレスとは年代的にもかけはなれているし、また一方は博物誌、他方は心理学だから観点という点でもことなっている。

しかし、この点が興味深いのだが、まったくことなった「事実」に依拠しているのに、この性的差異のふたつの解釈法はおなじ論理構造をもっている。すなわち一と〇、存在と不在、男性性器とその不在としての女性の去勢とを対立させる二元対立的論理である。アリストテレスもフロイトも女性には男性がもっているなにかが欠けていることは明白であるとかんがえ、どちらもまるでこの欠如の指摘がたんなる経験的事実の断言にすぎないかのようにふるまう。

しかしそれが実際にはどうなのか判断していただこう。アリストテレスにとって女性（そしてより一般的にメス）には生殖能力のもととなる熱が欠けている。女性は精液をつくりだすことができないし、また加熱作用の一種によってそれに「形相をあたえる」こともできない。オスだけが生殖能力をもっているとかんがえられるのだが、それはオスが胎児に種の本質を伝達する精液をつくりだすことができるからだ。アイスキュロスはつとにこう述べている。「子供をうみだすのは母親ではない。母親は自分の胎内にまかれた胚に栄養をあたえる養い親にすぎない。子供をうむのは母胎に授精する男性である(36)。」ジャン＝ピエール・ヴェルナンは「純粋に父系による遺伝という夢がギリシャ人の想像力につきまといつづけた(37)」と述べているが、これが牽強付会な解釈ではないことは容易に納得的できる。このような夢はプラトンの生殖への否定的な態度よりもずっと根深く、知覚《フレグナンツ》に訴えかける力もつよい。

(36) アイスキュロス『慈しみの女神たち』六五八～六六一（ジャン＝ピエール・ヴェルナン『ギリシャ人の神話と思想』フランソワ・マスペロ、パリ、一九八〇、第一巻一三三ページに引用）

(37) 『ギリシャ人の神話と思想』同前

アリストテレスはそれぞれの性が生殖ではたす役割にもとづいて性的差異にかかわる理論を構築しようとする。ただ彼は男性には生殖能力があるが、女性にはそれがないとかんがえる。その結果、女性性を欠如とかんがえ、そしてより一般的にメスを不完全なオスとしてえがくことになる。

これをフロイトの性的差異にかんする理論と対比すると、両者が論理的に類似性をもっていることがあきらかになる。アリストテレスにおいて女性の不完全さは熱（そして精液）の欠如によるとされるが、フロイトの去勢は女の子にペニスがないことを子供が発見するというストーリーになる。このように一方では精液の放出、他方では生殖器官の解剖学というようにまったくことなった基準から出発しながら、両者において差異は存在＝不在というおなじ二元対立のなかで構造化されている。両者が選択する差異的要素はそれぞれ全然ちがう次元に属するものであるが、どちらにおいてもその選択は自明のようにみなされている。しかし彼らが選択したのとは別の基準、胸だとか、子供を妊娠することなどを選択することも可能だったはずだ。子供が性のちがいを他の子供の解剖学的特徴をとおして発見するというのもきわめて奇妙だ。大人の身体的特徴（とりわけ女性の胸）の方が即座に、そしてずっと明白に知覚可能ではないだろうか。またそれ以外にも無数の特徴をとおして子供の目には性の違いは十分認識されているのではないだろうか。子供が性的差異について最初に知覚するのは生殖器官を目でみたときだと限定してしまうのはあきらかに恣意的である。通常の経験からかんがえれば、大人も子供も性器そのものを目でみなくても、それ以前に男性・女性という性別《ジェンダー》やその差異を知覚することができる。「二次」性徴や男女の一般的な身体的特徴、さらには声の調子などが生殖器官の発見以前に「性」の差異を意味するものとして認識されているはずであろう。

　ふたつの理論の比較をつづけると、どちらの場合もいろいろある差異的要素のどれを選択するかという問題について自問することなく、まるでそれが即座にあたえられ、自明であるかのように提示される。たしかに、精神分析の場合には解剖学上の差異だから目にみえる要素だとは言えるが、アリストテレスは肉眼ではみえない要素について語る。実際、ペニスは目にみえる。フロイトによれば子供の目にはペニスはとりわけ「めだつ」ものである。そして子供は女の子にはペニスがあるべきところになにもないことを発見する。それにたいしてアリストテレスは女性における欠乏を正確に位置づけるために複雑な論証を展開しなければならないが、それもむべなるかなである。しかしいずれにせよ、両者の「記述」の結果は同一である。つまり、人類はふたつの性によって構成されているというかんがえが否定される。そしてその代わりにアリストテレスにおいては単一な男性モデルが提示され、女性はそのモデルから逸脱しており、そしてそのモデルを再生産する能力はないとされる。またフロイトにおいては目にみえる性器はただひとつペニスだけであり、性を意味する唯一の記号はファロスだけである。ラカンはこうした解剖学的考察は男性中心主義的秩序にとって二次的な要素でしかないことを十分に認識していたが、しかしそれにもかかわらずファロスを特権的記号として選択することを正当化する。というのもファロスは「性的結合という現実のなかで一番明確に知覚可能なもの」であるからである。ラカンはまた男性性器の勃起は生殖において伝達される「生命の流れのイメージそのものである(38)」とも述べる。ラカンのこの説明はフロイトの描写から少々ずれるものの、ファロスの特権的性格自体は正当化される結果となる。

(38)　ジャック・ラカン『エクリ』スイユ、パリ、一九六六年、六九二ページ

唯一目にみえるとされる性器になげかけられた子供の視線から出発して、フロイトによれば男の子は去勢されるかも知れないという不安をもつようになり、女の子は自分が去勢されたということを「発見」する。

もちろんアリストテレスの理論とフロイトの理論がおなじであると主張したいのではない。両者はあつかう領域も対象も同一ではないからである。アリストテレスの『動物発生学』においては生殖という生物学的問題が論じられ、フロイトの「両性の解剖学的差異の心理的影響について[39]」という有名な論文では精神現象と解剖学との関係が問題になっている。しかし、歴史的・科学的コンテクストはきわめてことなっているにもかかわらず、男性・女性の差異がどのように構造化されているかという問題にかんする解釈はどちらの場合でもあるものの存在と不在という対立をとおしておこなわれている。差異的特徴としてなにを選択するかという問題は差異にたいしてどんな意味が共通してあたえられているかという問題にくらべると副次的であると言えよう。すなわち、男性の優位と女性を欠如・剥奪・不能として定義すること、これが要点なのである。

(39) 一九二五年発表のフロイトのこの論文はフランス語に翻訳され、『性生活』(PUF、パリ、一九七三年、一二三ページ以降)に収録。

こうした理論的構造がつねにみられるということはそれが普遍的であることをしめしていないだろうか。性的差異は本質的な非対称性として理解されるべきではないだろうか。しかし差異にしても非対称性にしても、それはかならずしも欠如の論理として理解されなければならないわけではない。二を一におきかえるこの欠如の論理は形而上学的である。また男性を中心におくという意味では、これは政治的選択である。

というのも差異が二項対立のシステムのなかに組みこまれるとしても、それはそのまま差異の序列化には直結しないからである。たしかに性の二者択一性はわれわれに二元対立的論理（男性かそれとも女性か）を強制する。しかしそれはかならずしもあるものをその不在と対立させる欠如の論理ではない。それにたいして、「aか非aか」ないしは「一か〇か」という〈選言〉〔訳注：論理学の用語。ふたつの項目を「または」、「あるいは」でむすびつけた立言〕によって表現された二元対立構造は肯定と否定、存在と不在のあいだに序列をつくってしまう。「男根中心主義」はこうした構造に依拠して、ファロスをその欠如に対立させ、ファロス的男性性を去勢としての女性性に対立させる。こうした欠如の論理にたいして差異の論理、序列なき差異の論理、すなわち混成性の論理を樹立しなければならない。

混成的《ミクスト》構造も二者択一を前提とするが、それを序列化することをしない。性的差異は二元対立であり、論理学的に言えば「選言」の一種ではある。つまり、すべての個人は男性であるか女性であるか、aであるかbであるかである。しかしこの選言はたんに「aかbのどちらかが真である」ということ、つまり「aとbの両方が同時に真であることはない」という意味にすぎないのであって、両項のうちのどちらかが肯定的でどちらかが否定的であるとか、一方は他方のたんなる否定にすぎないということを意味しているわけではない。もっと正確に言うと、ここには論理的にはふたつ一組の否定命題があるということになる。つまり「女性は男性ではなく、男性は女性ではない」ということである。しかしこのふたつ一組の否定命題の片方しかとりあげないと、ふたつの項目のどちらかに二者択一を中心化してしまうことになり、たとえば「女性は男性ではない」ということになってしまう。男性中心主義的論理が機能するのはこうした具合にである。逆に、女性を人類の中心や頂点においたとしたら「男性は女性ではない」となり、男性性を欠如として定義することになるだろう。

混成性《ミクシテ》の論理はこうかんがえる。人間は必然的に男性であるか女性である。つまり「人間」にはふたつのあらわれ方があるのだが、その一方が他方より劣っていることはない。また女性は男性ではない（これはつねに語られることである）が、同様に、男性とは女性ではない人間のことである（これはあまり言われない）。こうして、性的な二者択一は存在と不在のあいだでなされるものではなくなる。あるいは逆にこう言ってもよい。欠如は双方にあり、一方には他方の属性や存在が欠けている。

つまりこれは、一面的な去勢はないという風に言いかえることもできる。以上のような観点にしたがえば、ある意味では、性的差異は欠如の論理から脱却するのだが、別の意味では、二重の去勢という観念を示唆することになる。つまり、男性も女性も「完全な人間」ではない。

人間のすべてが性的二者択一の対象になるのだが、二者択一を否定して男性・女性のどちらの属性ももたない主体を形而上学的な仮説として想定しようとする人もいるかも知れない。いわば天使的で性をもたない、人類の堕落以前の中性的存在という神話であるが、これは哲学的であると同時に宗教的な「純粋さ」の夢をひとびとが抱きつづけていることをしめしている。こうした夢想は混成性《ミクシテ》にたいする不安の裏がえしなのである。しかし人間は両性への分裂をのりこえることはできない。だから中性的存在という神話も結局は単一的で二重ではない人類という幻想への固執にほかならない。さらに、こうした単一性の夢には現実に存在するモデルがないから、最終的には両性のうちの片方の性によって自分を表現するはめになってしまう。つまり、どんな場合でも混成性《ミクシテ》を否定すると二が二者のうちの一方におきかえられてしまうのである。

フロイトが理論的にすぐれている点は、欠如を客観的現実として提示せず、解剖学的差異を無意識が解釈した結果とかんがえている点にある。フロイトはわれわれがつねに、そして不可避的に、解釈にからみとられていることを熟知していた。しかし、フロイトはその解釈を普遍的なものとして提示し、再検討する必要もない規則・規範としてしまう。そして女性は差異をうけいれて、自分には欠けているペニスを願望することを断念しなければならないということになる。

そして、ここでフロイトの理論の政治性が暴露されるのである。すなわちフロイトによれば女性においてこの「ペニス願望」は男性のようにふるまい、男性とおなじような社会的野心をもつ欲求をとおして表現される！　つまりフロイトは性器願望が社会的野心に転移されるとかんがえている。こうして彼は性的差異と個人の職業的社会的機能とのあいだに必然的かつ自然的関係が存在することを示唆する。女性が男性になりたいという欲望をいだくのは男性がペニスをもっているからだけではなく（あるいはそれ以上に）、男性が社会的・文化的秩序のなかでもっている地位・身分のためなのではないか――こうした疑問を精神分析学が提起するようになるためにはカレン・ホーナイ[40]やメラニー・クラインを待たなければならなかった……。結局のところ、フロイトは社会的機能を行使するためには男性でなければならず、したがってペニスをもたなければならないとかんがえている。彼にとって野心は通常は男性のものだったのである。この点で彼は非常に保守的であった。というのも彼は女性の社会的運命は時代によっても変化することがないと信じていたからである。彼にとっては女性の野心は男性になりたい、したがって「ペニスをもちたい」という欲求の表現に他ならなかった。彼は、それとは逆に、社会の現状のなかで（とりわけ二〇世紀初頭の社会の現状のなかで）女性は野心をもつから男性になりたい——そしてあえて言えば付随的に（＝アクセサリーとして）ペニスをもちたい——とかんがえるようになるということを想像することができなかった。この点についてはボーヴォワールの批判は正鵠をえている。「女の子がペニス願望をもつとしたら、それは男性性があらかじめ価値づけられているからである。フロイトは説明すべき現象を出発点としている(41)。」

(40) 一九二六年からカレン・ホーナイは子供が子宮の存在を知らないという主張に異議をとなえ、ペニスが社会的に価値づけされているのではないかという疑問を提起し、男性が母親になる欲求を抑圧しているという仮説を提出した。『女性の心理学』（ニューヨーク、一九六七年、フランス語版はペイヨ、パリ、一九六九年）参照

(41) 『第二の性』ガリマール、《イデー》叢書、パリ、一九七八年（初版は一九四九年）

しかしフロイト理論の政治性は社会生活の性的役割分担にかんする伝統主義や解剖学的差異の心理的解釈にだけみられるのではない。いまみたように男女の差異の解剖学的記述そのもののなかにそれはすでにみとめられる。というのもかれは唯一の性の記号としてペニスを選択するからである。この理論は差異を記述するために、最初から女性に欠けた特徴を選択する。この前提から出発すれ

ば後は必然的である。去勢、ペニス願望、ペニスの代替物としての子供……。

しかしながら、男根中心主義を批判して、子宮の存在についての子供の早熟な知識を強調し、ペニス願望の存在に異議をとなえ、子供も女性の性器についてイメージをもっていることをあきらかにするという議論の筋道はおそらくまちがっている。というのもこうした観点は、それが批判しようとしている相手の論理をそのまままくりかえしていることになるからである。ペニスの「女性における等価物」をさがしだそうとすること、それは性器の解剖学が性の表象の第一の基準であることをみとめ、そこからひきだされるさまざまな意識的・無意識的帰結をうけいれてしまうことに他ならない。ペニスの可視性と子宮の不可視性を対立させる議論には最初から罠がしかけられている。ペニスによって性が所在する場所を決定してしまうと、女性が欠如であるという結論がひきだされることは目にみえている。性の差異、その非対称性がどんな風に認知されるかという問題をもっとつきつめなければならない。一方から出発して他方を記述しようとしてはならない。そんなことをするとふたつの項目のうちのどちらか一方を特権化し、差異をすぐさま序列化してしまうことになり、欠如の論理にとどまることになる。そうではなく差異的要素のすべての存在を確認するようにしなければならない。そのなかには妊娠や生殖における役割などもふくまれるだろう。そしてそれらは性の表象とその意識的・無意識的心理的影響にとって解剖学に劣らぬ重要性をもっているだろう。ちいさな女の子のだれもが人形を非常にこのむという事実についていろんなことが語られている。しかし人形を赤ちゃんや子供ではなくペニスの代替物であるとかんがえるのは理論上のアクロバットと言う他なく、議論の余地がある。これは精神分析学が男性中心主義を内包していることを如実にしめすものである。

この点について原因をたんに理論家の属する性別にもとめるのでは不十分だ。問題にすべきなのは差異をそのものとして思考し、定義することの哲学的困難さである。というのも差異そのものは目にみえない。それはふたつのうちのひとつのなかにあらわれるのではない。差異とはふたつのものののあいだにあるものであり、ズレである。差異の場所は存在しない。差異は位置づけられることがない。ただ、他のものとは違うあり方があるだけだ。ふたつの性のそれぞれについてもそうである。差異はどこにも位置づけられることがないのだから、差異をあるひとつの要素からかんがえることはできない。さまざまな要素の集合、その関係をかんがえなければならないのだ。

男性（あるいは男根）中心主義的構造はつねに別の対概念にむすびつけられ、男性・女性の対立にあらたな属性を付与したり、それを強化したりするが、そうした対概念自体も序列化されている。たとえば能動・受動という対概念がそうである。性的差異を描写するために注目される差異的特徴がなんであれ、男性はつねに「能動的」であり、「受動性」は女性の特徴とされる。すくなくとも西洋的伝統においてはそうである。たとえばアリストテレスにおいて男性的生殖原理は能動的であり、胎児に栄養をあたえる質料である女性は受動的である。一方、フロイトでは能動的なのは性的・衝動的エネルギーである。というのもそれは衝動を満足させるために行動するようしむけるからである。だからリビドーは本質的に男性的とかんがえられるが、その結果、女性の欲望はきわめて謎めいたものとなる。

子供を欲することや女性の妊娠を性行動《セクシュアリティ》の決定的要素とみなし、出産する能力の欠如によって男性を定義できるとかんがえることはより妥当性を欠くのだろうか。そうした無能力のために男性は自己の性に過大な価値をあたえ、自分には受胎できない子供の代替物としてペニスを崇拝するとかんがえられないだろうか。欠如の理論はつねに反転可能である。だから伝統的ヒエラルキーを解体する一番簡単な方法は否定的定義と肯定的定義を反転させることである。たとえばアントワネット・フークはこう書いている。「男性にうまれるということの意味の大半は出産することから排除されているとかんじることだ(42)。」

(42)『ふたつの性がある』、《デバ》叢書、ガリマール、パリ、一九九五年、一七五ページ

こんなふうに男根中心主義にたいして女性の妊娠の絶対的価値を対置し、伝統的な対立を完全に逆転させることはできる。ギリシャの「純粋に父系的な」遺伝の夢は男性の妊娠願望の兆候であるとかんがえるのはちょっとおもしろいアイデアではないだろうか。たとえばアテネ市民が祖国の土(auto-chtôn)そのものからうまれてきたとするギリシャの原住民〔訳注：アテネの建設者ケプロクスは大地から自然にうまれてきたとされる〕の神話は、ニコル・ロローがしめしているように、両性からなる親のカップルを排除し、さらに母なる大地も抹消して父親としての大地を強調する効果をもつ(43)。

(43)ニコル・ロロー『アテナの子供たち』(フランソワ・マスペロ、パリ、一九八一年、六六ページおよびスイユ、《ポワン・エセー》叢書、パリ、一九九〇年)と『大地からうまれたもの――アテネの神話と政治』(スイユ、パリ、一九九六年)参照

差異の問題とそれにたいする男性中心主義的な解答はわれわれをつねに誕生の神秘へとみちびく。《受肉の秘蹟》というキリスト教的神話は《父なる神》と《子》のあいだに純粋に父性的で直接的・神秘的な親子関係を樹立する。しかし《処女マリア》の役割はこの親子関係を可能にすると同時に妨害する。可能にすると言ったのは、処女であるマリアは性的関係なしに、つまり父親なしにイエスをうむからである。一方、子をマリアに「送った」《父なる神》は彼自身、女性なしでうむ。イエスの《受肉》はしたがって両性の関係の外でおこる。つまり、それは女性なしの父親＝子供関係であると同時に、男性なしの母親＝子供関係なのである。《受肉》というキリスト教神話はこのようにマリアの母性をくわえることで奇妙な妥協を成立させる。キリストはひとりの父親とひとりの母親からうまれるが、両者のあいだに関係はない。親子関係・誕生の神秘は両性間の関係（というかむしろ関係のなさ）の神秘と交差する。ユベール・ダミッシュが《処女マリアの懐胎》をえがいたすばらしい、しかし謎めいた図像である《マドンナ・デル・パルト（出産の聖母）》について述べているように、マリアの姿は「聖書の物語と個人的な経験(44)」の交差点に位置している。

（44） ユベール・ダミッシュ『ピエロ・デッラ・フランチェスカによる子供時代のおもいで』スイユ、パリ、一九九七年

しかし、視点を逆転させるからといって、それが「子宮中心主義」的立場になってはならない。子宮中心主義というのはやぼったい表現だが、つまり人類の中心を女性の側に移動させるような立場ということである。それでは前とおなじような形而上学的論理、つまり同一性の論理にとどまっ

てしまうことになる。二が一のために隠蔽され、差異が否定されて存在・不在、能動性・受動性、可視・不可視などの対立に還元され、混成的《ミクスト》構造がわすれられて性が序列化される。ヒエラルキーを転覆させ、女性を擁護し、欠如はもう一方の側にもあるとしめすこと、これは理論的・政治的有用性をもち、継続すべき行為である。しかしそれにとどまっていてはならない。

それでは哲学的に十分ではないし、満足すべきものでもない。だから中心や中心の欲求、二の前に一が、二重の前に単一があって欲しいとおもう心をすべて放棄しなければならない。そうでなければ、ほんとうの意味で二元対立的論理やそれがつくってしまうヒエラルキーをのりこえることはできない。性の二重性を思考するためには差異のなかに、つまり二者の間隙にとどまり、他者性が類似性や単純な同一性に回帰することを欲することなく、他者性そのものを思考しなければならない。つまり中心の論理や現前の形而上学を放棄し、混成性《ミクシテ》が示唆する還元不可能な差異を直視しなければならないのだ(45)。

(45) 性的差異にかんするもっとも実り豊かな研究が「現前の形而上学」の哲学的「脱構築」の立場からなされているのはそのためである。たとえばジャック・デリダの著作、とりわけ『グラマトロジーについて』(ミニュイ、パリ、一九六七年)や『エクリチュールと差異』(スイユ、パリ、一九六七年)から『弔鐘』(ガリレ、パリ、一九七四年)にいたる著作。

実際、混成性《ミクシテ》とは純粋に差異的な構造を意味するのであり、そこでは二項のどちらも他方の派生物ではない。一から二が派生するのではなく、つねに親である二者から「個体」である一がうまれる。しかしこうしてうまれた個体もなんらかののりこえを実現したというわけではない。起源となる性的差異が止揚されることはない。あたらしい個体はそれ自身、二者のうちの一にすぎず、二者を統一することはない。単純な統一性を希求する誘惑をつねにかんじながら、個体自身、差異にひたされつづけるのである。

　しかし一にたいするノスタルジーはつねにわれわれにつきまとっているとかんがえざるをえない。このノスタルジーが生物学的理由から発生するのか、それとも形而上学的原因のためであるのか、結論は保留するとしても、つぎのことは言える。そうしたノスタルジーは分裂にたいする不安、つまりは混成性にたいする不安をとおして表現される。というのも、もし人類が混成的《ミクスト》であり、単一的ではないとしたら、各人は自分自身の不十分さに直面することになり、自分が十全な意味で人間であると主張できないことになるからである。

　つまりすべての性は「切除」されている。どちらの性ももう一方の性ではないという点で去勢されている。すべての人間には本質的な欠如がある。それはペニスとかその他、男性や女性がもっている何かの属性の欠如ではない。たんに男性であるとか、たんに女性であるという意味での欠如である。この人間の始原的な限界の意識はうしなわれた完全性の神話――現在の人間のそれぞれは始原の時代に全的で十全な存在だったものの半分という神話――とはまったく無関係である。というのもその神話もまた始原の区別なき単一性という概念とむすびついているからである。わたしが言う人間の本質的な欠如というのは逆に始原の多様性をみとめることを含意している。

　たいていの性的差異の理論は一方を他方に従属させ、唯一の中心に依拠することによって二がもたらす眩暈を消滅させ、人類の混成性《ミクシテ》を無化しようとしてきた。しかしわれわれにできるのはせいぜい、差異についてもうひとつあたらしい理論を提案することだけだ。その理論は哲学的であると同時に政治的なものになるだろう。というのもそれは一へのノスタルジーと絶縁する努力をするものであるからだ。

自由と生殖能力

もう理解していただいただろう。性的差異は自然的な特徴だが、性の政治学は差異を解釈し、両性間の関係を規定する自由な行為である。両者はこんなふうにことなるのだから自然にたいして無用な、あやまった戦いを挑むべきではない。大昔から男性が自然を盾にとって自分の支配権を正当化してきたからといって、もう一度自然と敵対しなければならないというわけではない。また、女性にはほんとうに自然にもとづく「劣等性」がそなわっていて、それが現在女性がおかれた状況の歴史的起源になっているとかんがえる必要はない。

この点ではわれわれは『第二の性』の論理と決別しなければならない。『第二の性』は女性解放をおこなうためには性的アイデンティティの否定からはじめなければならないとかんがえた。そして性的アイデンティティは偶有的なものにすぎないとされ、差異が消滅する普遍的アイデンティティが理想とされた。すくなくともこれが本が出版された当時のボーヴォワールの論理であった。

『第二の性』によってボーヴォワールはフェミニズムの中心的理論家となり、五〇年代から現代にいたるまで何世代にもわたる女性たちに決定的な影響をあたえたのである。

わたしはいま「決別する」と言ったが、わたし自身も『第二の性』によって女性解放の真の見通しをあたえられたひとりだった。そしてむしろそうだったからこそわたしは後でその限界とゆきづまりを認識したのだ。とりわけボーヴォワールが自由を称揚する代償として自然や母性、さらには女性の身体一般を否認するという不条理な選択をしていることを理解したときに。ボーヴォワールは、そうしたものは性愛においても母性においても女性がつねに経験する「肉体的疎外」の原因とかんがえたのだ。

とくに女性が経済的自立性を獲得しなければならないと強調した点など、『第二の性』が女性の精神を解放するためにはたした役割はおおきかった。だからわれわれはその著者にかわらぬ感謝の念をもちつづけなければならない。ボーヴォワールのこの本は性生活やその社会生活との関係について率直で赤裸々な語り方をしていて、今日でもなお驚くほどの大胆さをしめしている。『第二の性』の直截さは当時おおきなスキャンダルになったが、それはこのテーマを語るためには必要なものであった。作者はそれによって知的な勇気をしめしたのであり、その勇気は何世代にもわたって女性を解放し、そしてこれからもそうしつづけるであろう。

しかしだからといって彼女のフェミニズムの主要な側面のひとつに根本的な疑問を呈することをためらってはならない。すなわち男性的な価値のみを評価し男性的モデルを採用することによって女性の特有性(46)を消去しようとする欲求である。性的差異の消去は母性にかかわるものすべての価値を否認し、女性性の価値をいっそう低下させることによっておこなわれる。後にみるように、女性性を恥じる気持がフェミニズムにはつきまとっていたのである。

(46) 一八世紀にデッサンや彫刻にたいして色彩の芸術である絵画の特殊性を言うために「絵画の特有性」という言葉がもちいられたが、わたしはこの「女性の特有性」という表現をそれとおなじ意味でもちいている。ロジェ・ド・ピール『原理による絵画講義』(一七〇九年初版、現代版はガリマール、パリ、一九八九年)

ボーヴォワールによれば、女性は種の再生産に専念するよう強制されていたために、文明によって下位の身分におしこめられてきた。男性に道具のように利用され、「客体」と化した女性は男性とおなじように自由な「主体」としての存在を回復し、世界のなかで活動し、自分の存在の目的を自分でつくるようにしなければ自己を解放することはできない。社会的地位の差を解消するためには自然にある差異を抹消しなければならない。だからなによりも性的差異の向こう側にすべての人間に共通なアイデンティティを確立する必要がある――こんなふうにボーヴォワールはかんがえたのである。

しかしながら、四〇年代末、ボーヴォワールは女性がおかれたすべての状況の罠、とりわけ経済的疎外の罠をだれよりもよく把握していたのだが、自分自身の疎外状況、つまり哲学的疎外には気がついていなかった。彼女はとりわけ男性・女性のヒエラルキーとそれに付随する対概念(主体と客体、能動性と受動性)を従来どおりそのまま容認してしまったのであった。

実際、『第二の性』の著者は性的差異の古典的記述にたいしていかなる批判もおこなっていないばかりか、それをそのまま採用している。まるで女性が身体やその「生物学的機能(47)」にむすびついた自然なハンディキャップに苦しむのは論理的必然にすぎないかのように。女性の身体はつねに肉体の重荷としてえがかれる。肉体は女性を性愛や出産の受動性のなかにとじこめ、女性を客体とし、男性の欲望や活動の道具とする。愛撫であれ、交接であれ、女性は性愛関係を受動的にうける。「女性は自分が道具になったとかんじる。すべての自由は相手側にある(48)。」しかし著者は能動・受動という対概念が正確に何を意味しているかを問うことはないし、行動がかならずしも自由の同意語ではないかも知れないと自問することもない。とくにボーヴォワールは女性の生殖能力が女性の自由の確保のために重大な障害になるという主張をみとめてしまう。しかしこうした主張こそもっとも古典的な男性中心主義的議論のひとつなのである。

(47)『第二の性』前掲書、第一巻、第二部

(48) 同前、第一巻、四五五ページ

実際、女性の生殖能力は男性と女性を区別する主要な特徴だが、それがハンディキャップになり、抑圧的構造のなかに女性を隔離することを「正当化する」根拠になるとかんがえる理由はまったく存在しない。理由がないのに男性によって解釈の暴力が行使され、それが事実上の支配とむすびつけられる。解釈の暴力と事実上の支配、このふたつはつねに手をたずさえてすすんでいく。女性が自然から生殖能力をあたえられたために、女性は男性にくらべてアプリオリに、そして一般的にハンディキャップをおうというわけではないのだ。むしろ女性の生殖能力のおかげで両性は子孫をも

つことができるわけだから、女性は相当な力をもっていることになるし、さらには女性におおきな価値が付与される理由にもなる。

女性に欠けているかもしれないものを議論する前に、女性がどんな重要な使命をになわされているかを理解するようにしなければならない。男性の意志がそうした使命を強制したという側面はあるにせよ、それだけではなく、おそらく女性もみずからすすんでそれをひきうけたという面もあったにちがいない。家族、部族、国民の将来を胎内にやどすという野心はかならずしも女性と無縁なものではなかっただろう。出産を価値づけることは母親をとじこめておくための男性たちの計算の結果だけであるはずがない。

出産とは女性がもっているもっとも美しく、もっとも満足をかんじることのできる可能性のひとつである。だからそれを否定することによってしか女性は自由になることができないなどということがあるはずもない。伝統的に「女族長」と呼ばれる聖書の女性たちのことをかんがえてみよう。彼女たちはたんなる母親ではなく、「イスラエルの母たち」であり、そのために特別な身分をもっている(49)。たしかに旧約聖書において両性の関係が平穏であったとは言えない。しかし旧約聖書を読めば、合法であれ非合法であれ、婚姻関係にあるのであれ、ないのであれ、古代から両性関係においてなにが問題であったのかがよくわかる。それはつねに子供である。旧約聖書では男性も女性も明白に相互依存関係にあり、子孫をもつという最大の関心事とむきあっているのである。

(49) この点についてはエマニュエル・レヴィナスが序文を書いたカトリーヌ・シャリエのすばらしい著作『女族長』(セール出版、パリ、一九八五年)を参照女性は男性によって母親というやくわりをあたえられ、利用され道具化されているとよく言われる。しかしそのとき、子孫をもつ欲求は男性の占有物ではないということが忘れられている。そもそも「道具性」という概念はつねに相互的で、だれがだれを利用し、手段や道具にしているのかという問題は容易には決定できない。それは今日いっそうはっきりと確認できる。というのも避妊・生殖技術によって女性は妊娠をコントロールできるようになったからである。例によってニーチェは『悦ばしき知識』でつぎのような過激な発言をしている。女性にとって「男性は手段でしかない。目的はつねに子供である。」こうした挑発的断言がいまや真実となりつつある。女性は現在、何時どの父親から子供をつくるか自分の意志だけで選択できるようになった。もちろん女性は昔から母親になれる力（と母親の権力）を利用してきた。たしかにその支配権、その権力には限界があった。しかし、容易に想像できるように、男性は自分の父性にかんして確信をもてないし、妊娠の過程を完全にコントロールすることもできないから、その点ではハンディキャップをおっていることになる。だから男性は自分の子孫をもつためにひとりあるいは複数の女性を支配し、子供がまさしく自分の子供であることを確信できるようにしようとしたのである。

フランソワーズ・エリチエはこれとおなじような仮説をたてているが、彼女によれば伝統的な性のヒエラルキーは男性が生殖をコントロールしたいと欲した結果うまれた。わたしにはこの仮説は生殖能力が劣等性や自然のあたえたハンディキャップであるというかんがえに固執するボーヴォワールの仮説よりもずっと妥当性があるようにおもわれる。すくなくともそれは男性的な歴史解釈に影響されている度合いがすくない。ボーヴォワール的な見方は支配的な男性イデオロギーを内在化した結果である。ボーヴォワールがかんがえたのとは反対に女性の生殖能力は自然があたえた力であり、男性も女性も戦略をもちいてそれを支配しようと努力しているのだ。

われわれの時代はこの点で女性解放の重要な一段階を画している。というのも、歴史上はじめて、女性は伝統的な男性中心主義的法秩序を転覆し、生命を誕生させるという非凡な力にみずからが全面的に責任をおうようになったからである。フランスで、ほんのすこし前まで、既婚女性からうまれた子はすべてその夫の子とされていたが、いまや、誕生も親子関係もコントロールするのは女性である。こうした革命は四〇年代には予想することがむずかしかった。当時、自然が自由にたいする重大な障害になるとかんがえられた理由の一斑はそこにある。その頃からすでに生殖能力は力であり、おおくの女性がそんな風にかんじていたのだが、その力を十分にコントロールすることができなかったので、生殖は他の形の自由と対立した。そうした意味では自然との決別という主張はある程度まで正当性をもっていたのである。

しかしながら『第二の性』の冒頭で明言されているように、ボーヴォワールはサルトル的な自由の観念に依拠し、「実存主義的倫理学の観点(50)」にたっている。これは残念なことである。実存主義的倫理学は自然と自由の対立というテーマを濫用とおもえるまで援用するからである。

(50)『第二の性』前掲書、第一巻、三四ページ

実際、実存主義哲学は魂と肉体、叡智界と感覚界そして（より近代的な対概念である）文化と自

然を対立させるプラトン以来の二元論的形而上学の伝統の後継者である。そしてこれら一連の対概念は性的差異やその序列化と密接な関係をもっている。問題は非常に複雑で、ここで手早く分析するというわけにはいかないが、こんなふうに言ってもよいだろう。すなわち、古典的概念のヒエラルキーはつねに男性・女性の差異に意味をあたえてきたし、また逆から言うと、性的差異は形而上学的対概念を隠喩的に表現している。（たとえばアリストテレスは「メスがオスを欲するように質料は形相を希求する」と述べている。）こうした伝統において、女性性はつねに肉体や感覚、自然とむすびつけられ、その結果、形而上学的に価値がひくいものと判断される。だから、こうした論理から脱却するためには、上にあげたような一連の二項対立的原理（それはものごとを単純化する）そのものに異議を申し立てなければならない。この問題にかんしてもっとも決定的な例としてもう一度、能動性と受動性、主体と客体の対立をとりあげよう。これはサルトルによる自由の分析で重要な役割を演じるものである。

実存主義的な意味における自由とは本質的に主体が自分のおかれた状況、とりわけ自然的状況をのりこえて行動する可能性のことである。この考え方はかなり古典的で、カント派や新カント派にも一般にみられる。自由についてのこうした考え方は哲学的には自由意志という観念に起源をもち、そして現代では無動機な行為という形をとるようになっている（動機がなく理由がないほど、よりいっそう自由ということになる）。しかしこれは自由のある部分的な側面をとらえた理解にすぎない。こうした自由は本質的に否定性である。つまりそれは否《ノン》――かんがえうるあらゆる形での否《ノン》――と言う力である。それは必然性と自由、内在性と超越性のあいだに根強い対立があることを前提としている。その対立はサルトルの用語をつかうとしたら即自と対自の対立である。つまり、一方でたんなる客体であるためにそうであるところのものでしかないものがあり、他方で真の主体として自由に自分自身を選択する意識がある。

このように序列化された一連の哲学的対概念と男性・女性の差異がアナロジーによってむすびつけられやすい傾向が一般的にみられるのだが、そのことをかんがえれば容易に想像できるように、実存主義もさまざまな概念を性に再分配する。男性には自由、たえまなく自己をのりこえる先天的能力、そして女性には内在性のなかにとじこめられ、男性によって客体としてあつかわれるがままになる自然な傾向。とすれば女性が自由を獲得するためにどんな特有な困難さをもっているかは容易に理解できる。

実際、これはきわめて逆説的にみえるのだが、『第二の性』の著者にとって男性と女性は人間的な自由の問題にかんして完全には平等ではない。主体という概念は一見普遍的な性格をもっているようにみえるのだが、実際には女性は男性ほどは自然に主体となることができない。この場合、主体というのは客体と対比的につかわれ、価値を付与された概念であることを付記しておこう。ボーヴォワールのテクストを読んでいると、彼女が男性と女性がおなじように活動的であるとかんがえていないことがわかる。男性はうまれつき主体的で活動的（それはおなじことである）であり、自発的にあたえられた現実をのりこえていく。それにたいして女性はその生物学的運命により受動性をさだめられている。女性は自分のうまれつきの受動性を克服しなければほんとうの意味で活動的で自由な主体になることはできない。創造的活動様式が男性にはいわば自然であるように――ホモ・

ファーベルである男性は自分の投企《プロジェ》〔訳注：実存主義の概念。たえず自分自身をのりこえていくうごきを言う〕をとおして存在として自己実現する――、女性は「馬鹿げた生殖能力」のために、すくなくとも元のままでは、「資源の増大に活動的に参加(51)」することができない。実存主義的自由の理想はここでは労働や近代的な生産至上主義的イデオロギーとむすびつく。労働はすぐれて活動を代表するものであり、現実を改変し、つまり別の言い方をすれば、現実をのりこえ、否定するものである。だから、それは自由の特権的表現である。投企《プロジェ》にしたがって事物を生産する行為としての労働は、手近にある現実をいっそう自由にのりこえ、世界のなかで主体の行為を客観的に表現していく。

(51) 同前、八一ページ

こうした近代的な価値体系のなかには生殖がほんとうの意味で占めるべき位置はない。生殖は商品を生産しないし、資源を増大させることもない。さらに重大なことに、それは「活動」でさえないから、女性にいかなる自由の経験もあたえることができない。「出産し、授乳することは活動ではない。それは自然な機能である。いかなる投企《プロジェ》もそこにはこめられていない。だから女性はそれが自己の存在を誇らしく断言する機会になるとはおもえないのである。女性はその生物学的運命を受動的にたえしのぶ(52)。」こうした主張すべてに疑問の余地がある。投企《プロジェ》の不在、活動の欠如、受動性、さらには「誇らしく」という断言……。

(52) 同前、八三ページ

出産に投企がないという主張はひかえめに言っても奇妙である。女性が自由意志をもった人間であるかぎり、自分の生殖能力に意味をあたえ、自分なりのやりかたで母親になることをどうしてみずからの責任でひきうけられないのだろう。もちろん時には母性を拒絶するという選択をする場合もあるだろう。いつの時代でも女性は自分の生殖能力をコントロールするためにあらゆる利用可能な手段を利用してきた。それは昔はかならずしも可能ではなかったし、容易でもなかったかもしれないが、今日では、女性は生殖能力をコントロールする技術を手にいれた。だからこそ、出産するという欲求を全面的に表明することが可能になった。避妊技術や中絶により妊娠しない自由を獲得したいま、女性も男性も妊娠する自由を行使するためにあらゆる手段を利用しようとする。母性と父性は人間にとって本質的な可能性であり、それを剥奪されることはしばしば苦しみをもたらす。強制された運命と自由意志によって決定される投企《プロジェ》――このふたつを対立させることは生命をうみだすという行為とうまく調和しない。子供の誕生は、かつて本能と呼ばれた自然な衝動の結果であると同時に、選択され熟慮された投企《プロジェ》の結果でもあるのだ。

　だから積極的にうけいれられた妊娠は投企《プロジェ》以上のものである。子供をうむということはある意味では自然な出来事であり、両性の愛の結合の結果であるが、しかし同時に人はそれに責任をとり、それに意味と価値をあたえなければならない。たしかにそれは自然な行為である。というのも、人がそれを欲し、決定し、誘発し、自然を手助けするのだが、それでもやはり出産は種と生命に自然にあらかじめプログラムされている行為だからである。しかしそれはまた責任への呼びかけでもある。というのもこの出来事とともに「やってくる」もの、それは肉体的にも精神的にも自分では自足できないもの（赤ん坊）であるからだ。われわれはそれについて「究極の真理(53)」を語ることはできない。われわれが語らなければならないのは、この存在の意味の可能性である。うまれてくる子供の意味は決してあらかじめ構成されているわけではないし、存在に内在しているものでもない。しかしまた、それはだれかが完全にひとりで恣意的に決定できるものでもない。意味は共同でおこなわれる努力のなかで探しだされるものであり、人間が他者と生き、他者を手段ではなく目的とすることを欲する、その意志の結果である。人類は種を「再生産」するために生殖によらなければならず、そしてその仕事の大半は女性がおわなければならない。しかし子供をうむことは、女性にとっても男性にとっても、そうした種の運命をどうにかたえしのぶということに還元されるのではない。出産をそのような生物学的な側面に還元するのは、母性の経験をまったくもたず、想像力を完全に欠いた人くらいだろう。子供をうみ、ほんの小さい頃からそれを育てること、それは人間存在にとってつねに、存在の意味という一番重要な問題を問いなおす契機となるのである。

(53) 後に引用するシモーヌ・ド・ボーヴォワールの文章を参照。そこでボーヴォワールは母の子にたいする関係についてこう述べる。「彼女の胎内で形成されるこの存在の究極の真理がなにかを彼女は知ることができない。」

不死の存在ではないわれわれは人生が有限であること、自分たちが死に、そして子孫をのこすべく運命づけられているということを知っている。人間のそうしたあり方をわれわれは自分で決めたわけではない。しかしそうであるからこそ、責任という問題が重大になってくる。あなたのもとに、そして人類一般のもとに〈やってくるもの〉（子孫）にたいしてどのように責任をとるか。誕生の問題は死の問題とおなじくらい重要な問題である。われわれは自分でえらんだのではない運命（生き、産み、死ぬ）によってとらわれた存在であるが、誕生の問題とはそうした存在に課せられた思想的課題である。自分自身ですべてを決定することができないからこそそうした課題が発生するのである。内在性と超越性を対立させてしまうと、人間の思考（や行為）が〈自分にむかってやって来るもの〉によってとらわれ、また思考自体もそれをとらえる努力をするということを理解できない。

　思考し行動する自由とはすべての必然性を否定することではない、運命をひきうけることもまた自由の一種なのだ。つまり自由とはかならずしも運命の反対語ではない。だから「生物学的運命」にこたえるかどうかは女性の意志にまかされている。生殖は人間にとって（女性にとってだけではないことは言うまでもない）ひとつの本質的な可能性である。妊娠や出産（これはとりわけ女性にとって）は、サルトル流に言えば、あたらしい状況の到来である。だから、自由を純粋な否定性ととらないかぎり、他の場面とおなじくらい、あるいはそれ以上に、生殖という場において自由は完成される。

　もちろん自由が否定性として表現されることもある。デカルトは欺く神を想定し、それに抵抗することを決意し、神の悪意に対抗するために意識によって徹底的な懐疑をおこなう。一方、サルトルは抵抗する能力こそが人間のもっている本質的な可能性であると指摘し、そこに自由の特権的な表現をみいだした。だから彼は「ナチスによるフランス占領時代ほどわれわれが自由だった時代はなかった」と書くことができたのである。こんな風に、デカルトからサルトルにいたるまで、自由を否定性によって定義する考え方は哲学の歴史をつうじてみられる。しかし自由には別の内容もある。自由はまた必然性の意識ともかんがえられるべきなのである。スピノザが「わたしは決定されていればいるほど、より自由である」と断言するのはそうした意味においてである。必然的ではない選択や恣意的な決定はまさしくかれには自由度がもっとも低いものとおもわれた。ニーチェもまた必然性の偉大な思想家である。彼は必然性をみとめ、さらにはそれを愛することができなければならないと述べた。『悦ばしき知識』の作者はそれを運命の愛《アモール・ファティ》、必然性の愛と呼んだ。このように、女性の自由の問題は自由一般についての哲学的問いかけや必然性にかんする思考ときりはなすことができない。

またこんなふうに言うこともできるだろう——子供の誕生によって人間は時間や未来と関係をもてるようになり、人間の投企《プロジェ》のすべてがかかわるあの時間性のなかに自分自身を投げいれる。他のおおくの投企《プロジェ》以上に、子供の誕生によってひとびとは自分の小さな個人性をのりこえ、自分の寿命をこえた先の未来にまで関心をもつようになる。少々プラトン主義的な傾向をもつ人だったら、こうした未来への関心は単純な人たちにはふさわしいが、気高い精神の持ち主は未来よりも永遠のことを気にかけ、子供をうむよりもっと大事なことに専心すべきだとかんがえるかも知れない。しかしわれわれの時代は、文明とおなじくらい真理もはかない束の間の存在でしかないと痛切にかんじている。すべての事物、すべての存在が時間性によって影響をうけているようにわれわれにはおもわれる。事物が有限であるという意識はもちろんだが、永遠という観念も空虚すぎて、われわれの未来との関係を基礎づけることはできない。

そもそも人間が共通にもつ時間の意識は、有限と無限という抽象的な対立概念によるよりも、誕生と死、始まりと終わりが継起する生のリズムに負うところがおおきいに違いない。つまり、時間の感覚はくりかえしの経験や自然のリズム、季節のうつりかわりや昼と夜の交代、こうしたものから形成されていくようにおもわれる。経験としての時間性は永遠と対立したり、比較されたりするよりも（プラトンは時間とは永遠の「うごくイメージ」であると言っているけれど）、変化しそしてくりかえされるもの、あるいは変化しながらくりかえされるもののなかにあたえられる。

こうして人間の生は、個人の一生涯をこえて、世代から世代へと変化しながら維持されていくようにおもわれる。世代の経験は差異についてのひとつの根本的な経験となる。それは性的差異とつながってはいるが、別の性質のものである。つまり、そこで人間は、種としてまた個人として（父親として、あるいは母親として）、他者についての特異な経験をする。子供は自分をうんだもの（親）と同一でありながら、別なものである。子供はその特異性によりいかなる男性・女性ともことなる。だからすべての誕生は絶対的な出来事である(54)。性的差異同様、世代の差異も同一性のなかにおける他者性、同一のなかでの他者について——さらには時間について——かんがえるようにわれわれをうながす。

（54）前の著作でわたしは誕生という出来事をテーマにして、そこから他者の問題をあつかった。『自己中心主義批判——他者の出来事』（ガリレ、パリ、一九九六年）参照

しかし自由と行動をまえにした男性と女性の不平等性に話をもどし、ボーヴォワールがそれをど

んなふうに記述しているかみてみよう。女性はもともと「生物学的運命」をおわされているが、男性はそれとは「根本的にことなり」、自由で創造的な存在としてあらわれる。「男性は働き蜂のようにたんなるプログラムされた本能によって集団を養うのではない、動物としての条件を超越する行動によってである。ホモ・ファーベルは太古の時代から発明者なのである。果実を樹からたたき落としたり、獣をうちのめすために手にもつようになった棒や棍棒はすでに道具であり、それによって彼は世界をコントロールする力を拡大していった。」

　棒や棍棒がきわめて明白にしめしているように、男性はつねにその動物としての条件を「のりこえ」ながら行動する。それにたいして女性は生物学的な運命によって「自然な機能」のなかにとじこめられ、それだけに限定されているために、完全に動物的な内在性のなかに埋もれたままでいる。男性は「始原の時から発明者」であると語ること、それは男性が自然に、そして男性であるという理由だけで、活動的で自由であるとかんがえることである。男性は世界を併合し、みずからの力を試すようにうながされているというわけである。それにたいして女性は自然的に、あるいはすくなくとも女性であるかぎりは、はじめから自然的機能だけをはたすように運命づけられている。だから女性はホモ・ファーベルの価値ある発明行為に参加しない。つまり、両性のあいだには最初から亀裂が存在する。その亀裂のために、男性は正常な状態では自然に自由で能動的だが、女性は本性によって母性を、「したがって」受動性を運命づけられている。

　この出発点はあの「人は女にうまれるのではない、女になるのだ[55]」という有名なテーゼの背景（それは通常はかくされている）をあきらかにしてくれる。ボーヴォワールのこの言葉は女性は歴史的条件によって疎外されているということを意味するが、それはまた女性は自然的に疎外されてうまれてくるのではないということも含意している。女性は社会が女性にたいしてわりあてた条件のなかで疎外されるようになる。「女性」という言葉自体もこの場合には自然な性別を指ししめしているのではなく、特定の文化に固有な基準や強制によって定義される（英米圏で言うところの）ジェンダーを意味している。「女性になる」と言うときの女性とはここでは社会によって自由を剥奪された個人のことである。しかし、もし人が疎外され制度化された社会的女性性としての「女」にうまれるのではないとすると、こうした社会的に劣等で受動的な存在になる以前の女性とは（もしそんなものが存在するとすればだが）どのようなものなのであろうか。

（55）『第二の性』前掲書、第一巻、二八五ページ

それにたいするボーヴォワールの答えは単純ではない。一方では、自然的な実在として女性は存在しないとされる。つまり女性は本質的には男性とおなじである。ちょうど小さな女の子が、客体という地位を強制される以前には男の子とおなじだとかんじているように。しかし、もう一方では、ボーヴォワールは女性の疎外の歴史を説明するために、女性が社会的な条件を獲得する以前の時間にさかのぼり、そしてその時点ですでに女性は自然（＝自分の本性）そのものによってひとつのハンディキャップをおっているとかんがえる。つまり女性は生物学的運命のために最初から動物性のなかにとじこめられている。それにたいして男性はそうした動物性を即座にそして自発的にのりこえていくとされるのである。

わたしの意見では、こうした自然に由来するハンディキャップというテーマはボーヴォワールの主張のなかでもっとも議論の余地のあるものである。そもそもこれは女性の従属を説明するためにつねにもちだされてきた議論と同一である。つまり女性は生殖で重要な役割をはたさなければならないから、自然とその社会的地位は低くなってしまうという議論である。しかしそれだけではない。古典的な議論は一般的に女性がすくなくとも過去においては狩猟や戦争にふむきであると主張するだけで満足していた。そしてそれが性による役割や仕事の分業の理由とされた。それにたいしてボーヴォワールは議論をさらに徹底する。つまり彼女によれば、母性は女性を自然に受動的にする。というか、母性はそれ自身が自然的疎外なのである。妊娠した女性は、さらには授乳する母親は「身体において疎外されている」。子供は母親の主体としての肉体的・精神的自立性をそこなう。母親の胎内で子供は「勝手に増殖」するし、誕生後も自由な女性が希求する真の活動の自由を阻害する。

つまりボーヴォワールが告発するのはただ一種類の女性の疎外ではない。二種類なのだ。そしてそのそれぞれが「女性」という言葉のもつある意味に対応する。このふたつのうち、引用されるのはいつも第一の疎外である。それは有名な「人は女にうまれない、女になる」というテーゼに表現されたもので、歴史的な獲得された疎外にかかわるものである。ここで女性とは人工的につくられたものを意味する。それは歴史によってつくられ、社会的にとりきめられた役割のなかにとじこめられ、社会が強制する客体というステイタスや受動性という規範に適応することを余儀なくされる。しかし、このつくられた女性の背後に第二の女性が存在する。それは自然のままの女性であるが、すでに疎外されている。それは生物学的に罠をかけられた存在であり、まず生殖・妊娠を運命づけられた生物種に属するという損害をこうむり、その結果として受動性を強制される。つまり女性はたんに男性の恣意的命令にしたがって社会的に受動性を強制されているだけではない。むしろ女性はもともと自然が運命づけた無気力さのなかに維持されている。別の言い方をすると、つくられ、疎外された女性とは自然な疎外のなかにとどまる女性である。だからボーヴォワールは彼女が拒絶する生物学的運命のことをかんがえながら、こんな風に言うこともできただろう、人は女になるのではない、女にとどまるのだ、と。

しかし母性はこんなひどい中傷をうけるにあたいしない。もちろん、母性が女性の唯一の使命ではありえないし、またそれが女性におしつけられてはならない。またあまりにもながいあいだ、女性の忍耐と献身が濫用されてきたことも事実である。たしかに母親の役割にたいして伝統的になされてきた歯の浮くような賞賛は女性を公的な仕事からよりよく遠ざけるためであったから、あまりにもみえすいた感傷的な言説にたいして反発心がおこり、そうしたものをひねりつぶしてしまいたいという気になったとしても無理からぬことである。しかし出産は女性にとって他者と関係をむすぶ独特な経験であり、その経験から学ぶこともおおいのに、その可能性に目をつむり、母親となることが肉体的疎外に他ならないと告発するボーヴォワールは母性にたいする無知と、母性の経験にかかわるものすべてにたいする彼女の個人的な嫌悪感を暴露したのだ。のみならず哲学的観点からすればもっと深刻な問題がある。つまりこうした立場は彼女が自由の概念を問題化する能力を完全に欠いていることを露呈している。彼女にとって自立性と自足性が自由を把握する唯一の手段であり、その結果、他者との関係は閑却される。ボーヴォワールがおちいった陥穽は自立的主体という近代形而上学の出発点そのものである。自立的主体は他者に客体か、あるいは自分を客体化する他の主体しかみない。他者はわたしを限界づけ、わたしを妨害し、わたしをその視線や投企《プロジェ》のなかにとじこめる。

これはすでに他の著作でも論じたことだが、こうした思考様式では愛という経験を説明することができない。主体にとって愛はひとつの重大な試練であり、共有の経験である。いかなる形のものであれ、愛において主体は決して自立的ではない。愛において主体がもつ自由は別の次元に属する。それは他者へむけて自分自身の主観性をのりこえていく自由である。わたしがおもうに、自由を傲慢な主体の主権として理解してはならない。それはまたあたえる自由、他者の要請をうけいれる自由であり、たんに事物にたいして行動したり他者を支配する自由だけではない。あたえることとか、それにともなう〈みぶり〉といったテーマを論じはじめると話があまりにとおくにそれてしまうが、ともあれ、そうした行為を能動性とか受動性といったカテゴリーで定義できないことは容易に確認できる。自分をあたえるということはどういうことなのか。それは能動的か、それとも受動的か。たとえば、他人のために苦労するというのはどういうことなのだろう。愛において男性は女性より自己献身することがすくないのだろうか。生命をあたえる（子供をうむ）ことは能動的なのか、受動的なのか。授乳のようなある種の母親の行為は能動的であると同時に受動的であり、どちらか一方と決めることができないのではないだろうか。実際、こうした行為すべてにおいて能動性と受動性はときほぐしがたくむすびついている。だから性をこうしたカテゴリーによって分類することはかんがえられているほど容易ではないのだ。

にもかかわらず『第二の性』の母親を論じた章においてボーヴォワールは母性の受動性をいっそう強調する。彼女の見解では、出産には意味のあるものはなにもない。「身体や社会的体面のなかに疎外された母親は自分を即自的存在であり、確固とした価値をもった存在であるという心安まる錯覚をいだく。しかしそれは錯覚にすぎない。というのも彼女はほんとうの意味で子供をつくっているのではないからである。子供は彼女のなかで自然にできていく。ただ彼女の肉が別の肉をつくりだしているにすぎない。彼女は存在を創造することはできない。存在とは自分で自分自身を根拠づけるものだからである。(……)彼女の胎内で形成されるこの存在の究極の真理がなにかを彼女は知ることができない。(……)母親の胸のなかにいる子供はまだ存在理由をもたない。それはまだ根拠もなく増殖したものにすぎない(56)。」

(56) 同前、第二巻、一五七〜一五八ページ

多分そうなのだろう……。しかし、誕生という問題を思考することがいかに困難であっても、それを根拠という問題(すなわち存在理由という問題)におきかえるのは奇妙である。実存主義哲学は合理性というふるい原則、つまり世界は合理的ですべての事物には理由があり、何らかの理由のために存在しているというかんがえと決別したが、それはただしいことであった。しかしもし究極的には存在に理由がないとしたら、もしアンゲルス・シレジウスが書いているように「バラには〈何故〉がない(57)」とすれば、もし事物や存在はいかなる究極的目的もなく、偶然に、理由なしに存在しているのだとすれば、根拠の不在をあなうめするために各存在が自分で自分自身を根拠づける

と主張してみたところで無駄なことであろう。存在が「自分自身を根拠づけ」、最終的に自分の存在の無根拠性を克服することができるとはおもわれない。主体の自立性を信じ、そこに自由の特権的形態をみようとすること、これこそが実存主義の、そして大部分の近代思想の虚妄の最たるものであった。母親が存在を「根拠づける」意志をもっているとか、母親は自分自身を根拠づけなければならないと主張し、その上でさらにその両者を対立させることは哲学的思考にとらわれつづけていることに他ならない。哲学的思考には生命の誕生という謎をときあかす力はない。「根拠づける」などという表現は少々滑稽でさえある。子供を「根拠づけ」たりすることなどできるはずもないし、まただれも自分自身を「根拠づける」ことなどしない。ひとはせいぜいのところ自分の運命をひきうけるだけである。哲学はつねに生命の誕生にたいして居心地の悪さをかんじていた。キルケゴールなどの何人かの例外は別として哲学者は自分を純粋な思考とかんがえていた。彼らはまるでうまれたことがないかのようにふるまった。ボーヴォワールも哲学者として依然としてプラトンの衣鉢をついでいる。彼女は精神と肉体をまぜあわせることをしない。

(57) アンゲルス・シレジウスは一七世紀の神秘主義詩人。彼は『ケルビムの巡礼』でつぎのように書く。「バラには〈何故〉がない。花咲くから花咲き、自分を煩わず、みられることを欲しない。」ハイデッガーは『理性の原理』第五章(ガリマール、パリ、一九六二年)でこの詩句について論じている。

しかし母親にとって、子供は、たとえまだ胎内にいるときでさえ、決して肉の塊などではない。子供は母親の絶対的な配慮の対象であり、母親は子供に無限の責任をかんじる。だから伝統的に「母性的」と形容される行動は女性を何か内在的なるもののなかにとじこめるどころか、他者への配慮や他者性一般にたいしてひらかれたものの普遍的モデルとなるのだ。

　母親の胎内で成長する「存在理由をもたない」子供は、彼の世話をするあの他者以外のだれによって（たとえうわべだけであれ）存在理由をあたえられることができるのだろう。これはよく知られたことである、子供がそして大人が自分の存在がまったく正当性を欠いているわけではないとかんじることができるとしたら、それは小さいときに子供を世話した人のおかげである。日常の経験も、また精神分析学の経験も日々われわれにそのことを教えてくれている。母親の愛やその代替物はある存在が人間の世界にはいっていくための重要な要素である。そのおかげで人は自分の存在の無根拠性にもかかわらず世界のなかで自分の位置をみつけ、自分の存在が正当化されているとかんじることができる。

　だからフェミニズムの哲学者の著作にプラトンの『饗宴』の形而上学がふたたびあらわれるのをみて驚きをかんじざるをえない。プラトンは女性には肉体の再生産のみをわりあて、少年愛を非常にたかく評価した。少年愛は肉体ではなく魂をうみだすからという理由のためであった。いつか西洋形而上学がギリシャの同性愛にどれだけのものをおっているか、男性中心主義の背後にどれだけ混成《ミクシテ》性嫌悪症があるか、分析すべきであろう。

　男性はいつでも自分の力（知でも権力でも、思考することでも行動することでも）を主張するとき、返す刀で女性の生殖の価値を否定し、それを物質や肉体の無力・受動性の証であるとする。ボーヴォワールが男性思想家たちにならって女性性をもともと肉体に埋没したものとし、また母親を生命誕生のための受動的道具にすぎないとするとき、彼女は太古からの形而上学的・男性中心主義的見解を補強していることになる。しかし彼女は男性的な概念にあまりにも慣れ親しんでいるために、それを再検討しようという気にもならない。

母親を本質的に肉体的、動物的、受動的存在とみなすこと、これは実際、大昔からくりかえされた解釈上の暴挙であり、女性がそれに保証書を書きそえる必要はまったくない。こんなふうに母性が意味の世界からきりはなされることを正当化する根拠はなにもない。また母性は創造行為やその他の自由の表現と対立するわけでもない。女性の哲学者なら出産はたんなる生物学的運命であるとする主張に輪をかけるのではなく、むしろ生殖に意味がないという断定に異議を申し立てるのがほんとうだっただろう。超越性と内在性、自由と自然、主体と客体、能動と受動という実存主義的対立を採用して、それをいま一度、男性・女性の差異に適用するのではなく、こうした序列化された一連の対概念を批判的に再検討すべきだったであろう。

性行動《セクシュアリティ》とはまさしく能動性と受動性がひとつのプロセスの分離不可能な両面としてあらわれてくる領域ではないだろうか。性行動《セクシュアリティ》において主体と客体の役割はふたりの人物のそれぞれに固定的に付与されるわけではない。両者はつねに交換可能なのである。

以上のような考察を述べたからといってわたしはなにも肉体的な生殖能力のなかに女性をとじこめようとおもっているわけではまったくない。女性は当然、別な存在様式ももっている。女性はつねに、どんな条件下でも、そして一生のどんな時期にでも母親になれるというわけではない。時期によって母親になるために好都合な条件は変化するし、また女性の行動自体も変化する。出産というこの女性の可能性が実現し、女性にとってそれが自由の表現となるためにはある種の状況が必要である。しかし、それが実現するときには、そして母性が自発的にひきうけられた場合には、そこには他のなにものにもくらべようのない特有な「情熱」がみとめられる。その情熱には受動的なものはなにもない。むしろ逆に女性はそこから自分の力の大半をひきだすことができるのだ。

いずれにせよ、妊娠と同時にはじまる母親の子供にたいする配慮は自己満足の感情や自分が「確固とした価値をもつ(58)」という幻想とは対極にある。母親の心配は他者にたいするものであって自分にたいするものではない。しかしそれは自己犠牲ではない。母親が子供に責任をとるのは彼女の自由のひとつの形式なのである。これは子供を養子にする場合でも同様である。というかそれは同一の行為なのだ。母親の責任とは「(自分であれ他人であれ)人が妊娠した」子供を育てることにある。だからといって女性に母親という役割しかないということではない。しかし女性が母親になるとき、女性は自分の何かを犠牲にするのではなく、自分の一部分を情熱をこめて実現するのである。

(58)「母親は自分を即自的存在であり、確固とした価値をもった存在であるという心安まる錯覚をいだく」。『第二の性』、前掲書、第二巻、一五七〜一五八

しかしそれとは逆に、ボーヴォワールや彼女にならったおおくの女性たちは、歴史のなかで女性が解放されるためには母親の役目を拒否し、能動的・勤勉的・生産的主体となることを主張しなけ

ればならないとかんがえた。なにより「男性のようになる」ことが自由になるためのよい方法だったのである。女性は自分の女性性をたもったままではなく、それを否定しながら歴史的疎外と自然的疎外の両方から自己を解放しようとしたのである。

今日、女性たちはもはやこのような女性性の否認をうけいれることはないし、そもそもそうした二者択一自体を拒絶する。女性はあらゆる可能なやり方で自由になることを欲する。自分の女性性をすすんでひきうける自由もふくめて。

なぜいつの時代でも創造性を表現するのに生殖のメタファーが最適だったのだろう。母性は能力として再解釈され、力として主張されるべきである。それは創造のモデルそのものである。女性はさまざまな創造形式・表現形式をとおして自分の自由を表明しようとするが、母性がそうしたものと両立不可能であろうはずがない。

男性的普遍性

社会で自分がおかれた位置に異議を申し立て、「女性として」権利を要求する女性はしばしば「個別主義」とか「差異主義」と批判される。それにたいして哲学的・共和主義的にただしい唯一の立場は「普遍主義」とされる。普遍主義という言葉はなにかの特定の哲学を指示しているわけではなく、通常は宗教・言語・肌の色・性などの「個別的な」限定をふくまない形で人間を定義しようとする立場を意味する。すでに強調したことだが、一般的に言ってこうした概念は論理的観点からして欠陥がある。というのもそれは肌の色のような人類にとって偶発的な特徴を性のような普遍的特徴とごちゃまぜにしているからである。論理的な意味で——つまり集合の全体にあてはまるという意味で——ほんとうに普遍的なのは、男性であるとか女性であるということではなく（あきらかに「すべての人間が女性である」とは言えない）、性別があるという事実である。つまりすべての人間が「男性であるか女性である」。だから、理論的にも実践的にも性的差異を考慮にいれることは普遍性を放棄することにはならない。それどころかそれによって普遍的なるものの具体的で分化した内容を把握することが可能になる。両性のそれぞれは「個別的」であるが、両者が一緒になれば普遍的人間性の内容のすべてがそろう。したがって哲学的に言えば問題は普遍的なるものに「賛成か反対か」ではない。それに具体的な意味を付与するかどうかである。抽象的普遍性が問題なのは、それが人間性のなかでもっとも一般的で形式的な部分しかとらえていないからである。

抽象的普遍主義は性的差異を中和化するから、両性間の関係を変化させようとする政策や社会における女性の地位を再定義しようとする戦略とは矛盾する。それはせいぜいのところ法の前での平等を主張する役にたつくらいである。もちろんそれはそれで重要なのだが、しばしばそれだけでは十分ではないことがある。政治生活において女性が実際におかれている地位がそれをしめしている。

このような抽象的な思考法はプラトンからカントさらにその後の哲学者にいたるまでの形而上学的伝統、つまり経験の世界とその内容を観念や抽象的形式と対立させる伝統とむすびついている。

抽象的哲学的観点は個人を純粋に思考する主体とかんがえ、経験的具体的存在からきりはなす。だからそれはまた性別をもたない。法や政治の領域に適用された場合、こうした抽象的観点は個人を性的限定からきりはなして中性的主体とみなすようにわれわれをみちびく。抽象的平等主義は法においても政治においても性的差異が非関与的であると主張する。しかしそうした立場はある種の領域（家族法、労働法、医療倫理……）においては成立しえないのは明白である。

もちろん厳密に言えば、個別的存在を指示しないものはすべて程度の差はあれ抽象的である。女性一般について語ることはすでに抽象的カテゴリーを利用することである（どんなカテゴリーでもカテゴリーは抽象的である)。したがって性を排除した人間の本質の定義(人間存在)と性をふくんだそれ(男性と女性)の違いは先に述べたような意味での抽象と具体の違いなのではなく、抽象度の違いなのである。人間は一般的カテゴリーをつかって語り思考しなければならないから抽象化は程度の差はあれ必然的である。だから、本当に大事なことはあるカテゴリーが理論的・実践的に、したがってまた政治的に、どんな抽象化のレベルにおいて有効性をもつかを判断することである。

つまり、われわれが人類という概念あるいは性的に限定されない主体という概念が抽象的であると言うとき、われわれが言いたかったのはそうした概念ではある種の現実をただしく分析できないし、それにたいしてはたらきかけることもできないということなのである。

もしアプリオリに法の主体や市民が性的に限定されない状態でいなければならないとしたら、女性はどんな風にして自分の経験を名ざし、自分のおかれた具体的状況を記述し、自分の要求を主張することができるのだろう。

もし女性というカテゴリーが法的・政治的に正当性をもたないとしたら、女性がたとえば排除や経済的不平等の犠牲者となったとき、どんな風にして女性をターゲットにした不正を告発し、それと戦うことができるのだろう。法にとって男性も女性も区別しないと規定された瞬間、女性は女性にあたえられた社会的ステイタスを変更したり、女性特有の権利を擁護したり推進したりするために、女性という女性として自分の意見を表明することができなくなる。女性は「女性として」発言すべきか、それとも「人間として」発言すべきかという問題の焦点はそこにある。

というのも抽象的観点は現状追認のよき番人となるからである。今日、市民には性別はないとくりかえし語られながら、家族生活や経済・社会・政治の分野で性的差異にむすびついた昔ながらの不公平がくりかえされる。ふるくからある従属や排除があいかわらずつづいているのに、「人間」の理論的平等と女性・男性がおかれた実際の不平等な状況のあいだにズレがあるためだと念仏のようにくりかえす以外、有効にそれと戦う術もない。権利上は平等なのだが、事実上は不平等なのだ。

しかし、男性・女性の差異がみえなくなり無意味になる社会を夢みるのでないかぎり――「ジェンダーの違いを廃絶する(59)」ことを欲したあのアメリカ人のように――、人間のふたつのあり方は存在しつづけるとかんがえざるをえない。その結果、さまざまな種類の社会的・文化的差異がうまれるだろう。それは必然的である。しかしさらにいろんな不平等もうまれるだろうが、それは打破されるべきである。不平等というよりも不公平といった方がよいかもしれない。それはまさしく正義と平等主義（条件の完全な平等化）を混同しないためである。いずれにせよ、主体や市民の属性は問わないという建前のもとに性別を「廃絶する」ことが問題なのではない。社会における両性間の関係を変化させることが問題なのだ。あらゆる領域において性的差異を別な風に機能させるよう努力しなければならない。差異を抹消できるなどと信じてはならない。

(59)　スーザン・モラー・オキン「差異の問題について」、『女性の位置――社会科学の観点からみたアイデンティティと平等の課題』（ラ・デクヴェルト、パリ、一九九五年、六三ページ）所収

しかしフェミニズムがまず抱いたのはそうした差異を抹消するという望みであった。しかし人類

のなかで「人」の区分を消滅させるという試みはつねに女性を消滅させる結果になった。抽象的普遍主義はつねに、排中律によって、人間や主体を差異をもったふたつの項の一方と同一視する傾向がある。差異を無視すると主張しながら一方を無視してしまうのだ。こうして「男性でも女性でもない」主体は最終的に男性をモデルにしてかんがえられてしまうことになる。ちょうど『人権宣言』の「人」が男性の市民を意味していたように。「普遍主義的」フェミニズムはしばしばこうした男性中心主義の陥穽におちいってしまったのである。

女性の解放をまず権利と条件の平等化とかんがえたフェミニストたちはその結果、男性的価値やモデルを無批判に採用し、それを普遍的なものとして議論なしにうけいれてしまった。それはたとえば去勢理論や母性を自然に由来するハンディキャップとする理論をみとめてしまったこととか、戦後のおおくの左翼女性がマルクス主義の経済的・政治的分析を採用したことをみてもわかる。

ふるくからの欠如の論理をそのままうけいれて、女性は自分たちに欠けているものをなくすこと（いわば欠如を放棄すること）、そして普遍的人間性（つまり男性性）に合流することを目標とした。「他の人たちとおなじような」人間になることを決意した女性は自分たちの特殊性に準拠すること（あらたな女性性を再構築するということもふくめて）を嬉々として放棄し、差異を否定することを厭わなかった。女性の特殊性は太古からうけついだ女性の劣等性の証とかんがえられたからである。女性は「他の人たちとおなじように」人間になるという、無批判にくりかえされた表現にふくまれる論理の滑稽さはいくら強調しても強調しすぎることはない。というのも、女性の立場からすればこの他の人たちというのは男性でしかありえないからである……。性的差異について自問することなく、ふるくからの男性中心主義的シェーマにのっとってまるで女性が人間の基準からはずれているかのように女性の特殊性だけを問題にし、それさえなくせば人類や人間一般に合流することができると期待したのである。しかし人間一般というのは存在しない。ひとつの性を抹消することによって出現するのは中性ではなく、もうひとつの性である。それが忘れられてしまったのは、あらかじめ男性とそのモデルが普遍的とされてしまっていたからである。

人間を概念化したり形象化したりしようとすると男性か女性かの限定がかならず必要になる。そうした限定は言語や肌の色、髪の毛の色のようなたんなる経験的変数ではない。というのも肌の色をまったく考慮にいれることなしに人間をイメージすることはできるが、男性や女性の特徴をふくまずには、どんなに大雑把にでも、人間をかんがえたり、表象したりすることはできないからである。無性的な人間の原型など存在しない。男性と女性というふたつの根源的なタイプが存在するだけなのだ。そしてそのそれぞれにさまざまな特徴がむすびついていく。この区分を無視できるとかんがえるとき、われわれはすでにそのふたつのモデルのうちのどちらかを選択してしまっている。そしてそれは伝統的に男性の方なのである。二を軽視すると二のうちの一を選択することになる。つまり、「普遍主義的」論理は伝統的男性中心主義を克服などしてはいない。それはむしろ男性中心主義の近代的な形態なのである。

人間についてひとつのモデルしかもたないこと、結局これがある種のフェミニストが望んでいたことである。差異は女性を劣った支配されるグループにとじこめるとかんがえ、それを拒絶して男性と同一化しようとしたのである。おかれた状況から解放されることを急ぐあまり、男性と同化し、自分たちも男性とおなじだと主張することしかかんがえないとき、女性は男性中心主義の最良の擁護者となる。というのもそうした態度は男性・女性という対概念や両性の関係について理論的・実践的に再考するという発想をいっさい欠いているからである。

こうした「男性的」フェミニズムは、たとえば能力を発揮した女性は「男性同様である」ことを実証したとかんがえた。しかしこれは男性との同一化を価値とする考え方であった。したがってそれは価値が本質的に男性的であるとかんがえ、もし価値のある女性がいるとしたら、それは普通の劣った同類とは本質的にことなった特別な女性たちだという旧来の態度を継続していたことになる。逆説的にみえるかも知れないが、こうした類のフェミニズムには性差別主義が内包されている。自分がおかれた状況や受動性に満足する女性たちの滑稽さや卑屈さを批判することは有用であるが、しかしときにはそれがきわめてきびしい形でおこなわれることもある。そうした批判のなかにもいま述べたような性差別主義的傾向はかいまみられた。また解放された女性たちは他の女性をこえてそびえ立つ例外的な存在であるとみられることに満足をかんじないでもなかったようだ。五〇年代、六〇年代に輝かしいキャリアをつんだ女性たちにとって、重要なポストについた例外的な女性になるということには付随的な利益があった。つまり彼女たちは普通の女性の状況から脱出して、その領域でもっとも名声のある男性たちと肩をならべている自分は、個人として例外的な存在だとかんじることができたのである。彼女たちは女性としては例外的に「男性的」資質をもっていたから、そのために名声を獲得することができたが、それと同時に伝統的に女性にたいして（女性として）はらわれる配慮も享受することができた。おそらく彼女たちは自分が第三のタイプの人間だとかんがえることに満足をかんじていたのだろう。彼女たちは既存の社会秩序を革命によって転覆させるつもりなどなかった。それは自分の立身出世を可能にしてくれたのだから。それに彼女たちは自分たち女性の仲間が社会的上昇をすることにいつもそんなに好意的ではなかった。

社会で女性が大挙して地位を向上させたことで先駆者たちの社会的成功はいわば月並みなものとなってしまった。そして今日でもなお、女性の地位向上を可能にする条件をつくることに抵抗する女性がいるが、そこには自分の例外的ステイタスにたいするノスタルジーがかんじられる。

そうした女性の野心はしばしば男性の世界にはいることであった。そのために自分の同類を伝統的状況のなかに放置することにためらいはかんじられなかった。

フェミニズムが家族構造における女性の経済的搾取を有効に批判することができなかったのは、男性的モデルや価値が哲学・政治思想を支配していたからだけではなく、フェミニズム自体がそうしたモデルを採用したためでもある。市民権・政治的権利の獲得や職業差別撤廃のための戦いが前面にでて、経済的排除にたいする批判の影が少々うすくなってしまったということもある。

経済的排除という言葉でたんに女性――すくなくともブルジョワ階級（下層・中流・上流を問わず）の女性――が家庭にとどまらされ、経済的に実家や夫に依存していたという事実だけをかんがえてはならない。逆に、経済圏から女性の家事労働が排除されているという事態もそこにふくめて理解すべきである。

性的分業の近代的な結果として、女性の責任にまかされた家族という私的な空間は固有の意味での経済的空間から排除されたままである。したがって、そこでおこなわれる労働は認知された労働として存在しない。女性が経済的自由を獲得するために「外で」はたらいて生計をたてる必要性がますます明確に主張されるようになってきたが、それは正当なことである。しかしそれに反して、家事労働が無報酬であることの不当性が強調されることはあまりにもすくない。多くの場合、まるで近代経済からの家庭の排除は当然であるかのように家事労働無報酬という事態が継続されているのである。

実際、この問題はすでに一八七八年の第一回世界フェミニスト大会で提起されていた(60)。そこで女性たちは家事労働を完全な労働としてみとめるよう要求した。同様の発想で、第十回フェミニスト大会では「ひとり以上の子供を育て」、「常時、家事全般をおこなった」「主婦」にたいする退職年金を要求していた(61)。しかしこうした要求はみのらなかった。家事労働の問題はウミヘビの神話のように定期的に何度も話題にされたのだが、いかなる解決策もみいだされることはなかった。

(60) 女性の権利のための国際大会(一八七八年七月二九日〜八月九日)。マイテ・アルビスチュール、ダニエル・アルモガット『フランスのフェミニズムの歴史』(デ・ファム、パリ、一九七七年、三五〇ページ以降)参照

(61) 女性の市民権と参政権のための大会(一九〇八年六月)。前掲書『フランスのフェミニズムの歴史』とジルベルベール＝オカール夫人『一九一四年以前のフランスにおけるフェミニズムと組合運動』(第三課程博士論文、ツール、一九七三年)参照

実際、経済システムは女性の家事労働を無視してきた。それは私的領域は家父長権力の占有地であり、そこには侵犯しないきまりだったからである。家庭内での搾取は周知の事実であり、しばしば批判されてきたが、それと戦うための手段はほとんどあたえられていなかった。

女性の経済的解放をかんがえる唯一の方法は女性を現在存在しているような形での経済圏（資本主義であれ社会主義であれ）のなかに参入させることであった。家庭における女性の搾取に終止符をうつためには女性を家庭から脱出させなければならないとかんがえられた。おそらくそうした考え方は正しかったのだろう。しかし、それによって私的空間はそのまま温存された。しかし、たとえば家庭を全体的な経済空間に統合することによって、私的空間を変貌させることもおそらくは可能だった。しかしそのためには私的領域、公的領域というこのふたつの領域の対立自体を再検討し、家事労働に価値をあたえるようにしなければならなかっただろう。そうはせずに、ひたすら家事労働の愚かさばかりが批判の対象になったのである。

なぜ家事労働にたいする搾取を批判するかわりに、主婦の労働（やステイタス）の価値を低下させることが安直にうけいれられたのか、そのことを自問する必要がある。こうした議論はまるで、労働者の労働の搾取を批判するかわりに、労働が愚かしく軽蔑すべきものである、労働者は工場を去り、仕事を完全にかえるべきであると主張するみたいな暴論なのだ。

女性が家庭ではたしている役割はほんとうは重要なのだけれど、あまりにも低く評価されているために、女性のかわりに人手を確保する手段などかんがえようともされなかった。それに、とりわけ左翼のあいだでは、こうした問題を提起することは《ポリティカリー・コレクト》ではないとされた。というのも家事労働や子供のために時間を浪費することは恥ずかしいことだとかんがえられたからである。しかし家事労働を必然的に恥ずかしいこと、軽蔑すべきものだとかんがえた一部のフェミニストたちの主張がどうであれ、市場で報酬をうける他の労働にくらべた時、それはほんとうに敬意をはらうに値しない、役にたたないものなのだろうか。ある種の職業とくらべると、家事労働はきわめて多様な仕事をふくんでいる。実際、家事労働の内在的価値やそのおもしろさが否定されてきたのは、単にそれが労働市場で価値をみとめられていなかったからにすぎない。

　ボーヴォワールは家事労働の空虚と愚かしさを激烈に糾弾し、それは女性が「自己実現するための」機会を一切あたえることができないとした。しかし外でおこなわれる労働ならば男性にも女性にも自己実現することをかならず可能にしてくれるのだろうか。それは労働をあまりにも理想化していないだろうか。それは「外」を神話化することではないだろうか。実際には、問題になるのは「内部」ではなく、経済的・象徴的次元におけるその位置である。ボーヴォワールにとって家の内部にたいする関心（内装や装飾品にたいするそれもふくめ）はまったく無意味なものでしかない。それはほんとうの内面性が欠如し、本当に自己の内部に沈静することができないことを証しているだけだった。芸術家のように自分固有の世界を創造するものは「内部」になど拘泥しない。「とりわけ彫刻家や画家など物質をつうじて世界を再創造する芸術家は自分のまわりの環境にまったく関心をもたない[62]。」こうした指摘は真実でもあやまりでもない（どうしてこんな一般化ができるのだろう）が、われわれを困惑させるに十分である。一方に作品によって「自己を超越し」、自分の行為のなかで自己実現する創造的天才をおき、もう一方に自分の家を精一杯かざりたて、「牢獄を宮殿に変化」させようと懸命になる哀れなサドマゾ的主婦をおく……。よくあることではあるがボーヴォワールは、両極端だけをかんがえて、そのあいだの中間的存在を一切無視する。

(62)『第二の性』前掲書、第二巻、五五ページ

主婦の役割や労働について容認しがたいこと、それは決して仕事の内容ではなく、それが無報酬で強要され、そして「生産的」とみなされる仕事の範疇から排除されていることである。

たしかに女性たちは外ではたらくことによって、つまり報酬のあたえられる仕事をすることによって独立と尊厳を獲得してきたが、しかし家庭生活における仕事と責任にかんして伝統的な役割分担を変更することはできなかった。こうして貧困層や中流階層の大部分の女性にとってまさしく二重労働状況と呼ばれる事態が発生したのである(上流階層の女性は大部分の家事労働を家庭内使用人にまかせることができた)。初期のフェミニズムは、女性は男性の身分や地位に達することができれば自由になれると信じたのだが、そうした解放というのはせいぜいのところ、裕福なブルジョワ女性の一部だけのものだった。大部分の女性は伝統的な役割を保持しつづけたり、家庭外と家庭内の仕事を二重にすることを余儀なくされるか、それとも家庭をもつことを断念して、独身のまま自由を享受するかであった。

こんなふうに女性の労働は私的領域にとどめおかれたのだが、裕福で高学歴の女性たちはこの問題に関心をよせなかった。彼女たちはそうした問題に直面することはすくなかったし、またうけた

教育や従事している仕事のために家事労働を実際に軽蔑していたからである。そうした女性たちにとってブルジョワ男性の成功モデル以外のモデルは存在しなかった。

男性の行動モデルだけを特権化したために、仕事をするにあたって、さらには野心的にキャリアをつんでいくにあたって、女性は本当に男性とおなじように生きることができるのかという問いかけが失念されてしまっていた。というのも大部分の男性は家庭に妻をもち、夜には食事を用意してもらい、日中は家事や子供の世話をしてもらうことができたからである。それにたいして大部分の女性は「家に妻を」もってはいなかった。こうした完全な非対称性を、もっとも恵まれた環境にいるものもふくめてすべてのはたらく女性が経験しているのである。

この問題にたいする解決策のひとつはもちろん家事労働を分配しなおし、女性も男性のように、男性も女性のようにはたらき、家事や料理や子供の教育を両者が共同でおこなうことである。どうしてこのように家庭での平等や役割の均等化を実現できなかったのか。どうしていまでもそれは十分に実現されていないのか。女性が家庭内の雑務をひきうけなければならないという状況は今日でもなお、大部分のカップルや家庭においてつづいている。家庭内の仕事や責任を分担させることに成功しなかったこと、これがフェミニズムの最大の失敗である。その原因はもちろん男性の側のはげしい抵抗があったということもあるが、さらにこの領域においてひとびとはメンタリティーの変化と善意だけをあてにして、立法でなにかができると期待しなかったためでもあろう。家庭内の体制は私的領域にとどまり、いかなる改革の可能性もなく、そこでは習慣が再生産されるだけであった。女性たちは、外ではたらいていようがいまいが、そして状況の困難さに程度の差はあるにせよ、諦めて責任の大半をひきうけつづけたのである。

われわれはもっとつよく主婦の搾取とたたかい、主婦の活動・労働の貴重な文化的・経済的価値をみとめるようにすべきだったのではないだろうか。しかしこれはむずかしい問題である。そのためには女性の仕事の経済的役割をみとめ、それに価値を付与し、家庭内労働を一般的な交換システムのなかに組みこまなければならなかっただろう。そして経済システム全体を再検討し、家庭のなかでも外でも独創的な解決方法（男性・女性の労働時間削減、保育体制整備、さらにはだれがおこなうにせよ家事労働を有給化することなど）をつくりださなければならなかっただろう。こうしたアプローチは保守的にみえ、だれもが知っているとおり、「女性を家庭にとじこめつづけ」ようとしているという嫌疑をうけることになっただろう。しかし女性のおおくは選択の余地もなく、事実上、家庭にとどまりつづけた。だから家庭内搾取は、とりわけ小市民層や民衆のあいだではそのままつづけられた。

しかし家庭内使用人によっておこなわれた場合、家事労働は他のあらゆるサービス同様、有料で、女性が家庭内でおこなう場合、それがなんの対価もないというのはかんがえてみるとまったく奇妙なことである。職業的なクリーニング屋、レストランのコックやウェイター・ウェイトレス、カーペットを清掃する業者、保母などのサービスにたいして報酬を支払うことは当然だとかんがえられる。しかし主婦はこうしたすべての仕事を無報酬でおこなわなければならない。

家事労働は無報酬で、近代的経済システムからアプリオリに排除にされているが、実際これは独特な、そして事実上だれにもそれと気づかれることなくおこなわれている搾取である。われわれの文化において私的領域と近代的公的領域（つまり経済と政治）はたがいに無関係なものとされているからなおさらである。古代ギリシャにおいては、女性は家の空間のなかに限定され、公的生活に参加できなかったが、しかし家《オイコス》は生産の主要な空間であった。だから家《オイコス》という言葉から経済《オイコス》（つまり家の問題を解決する方法）という言葉がうまれたのである。それにたいして現代のわれわれの文化において家庭の空間は排除された空間である。「家庭内の女性（主婦）」は家族の日常生活をささえるために一日中はたらいても「経済的には」存在しない。だから女性たちがあらゆる努力をして家からでて、生計の手段を獲得し、社会的存在となり独立しようとしたことは理解できる。しかしこうした努力は同時に、経済体制にたいする根本的な批判をともなうべきであった。女性におもい家事の責任をおわせると同時に、家庭の主婦ははたらいてないと平然と断言することを許すようなシステムを問題にすべきだったのである。

　五〇年代から女性たちは外ではたらくことを優先し、家庭の問題は後で解決することにした。社会的認知もなく、ステイタスも収入もないうまれつきの召使いの身分にとどまるくらいなら、どんなものでもその方がましにみえたのであろう。（それに、貧困層カップルの場合は経済的困難さのために女性はしばしば「副収入」を確保することが必要であった。）教養あるブルジョワ女性や教育によってブルジョワ階級に属するようになった女性は興味深い職業につき、家では「人の手を借りる」ことが可能だった。彼女たちは家事や子供の世話がまともな労働であり、雇い人によっておこなわれる場合には報酬をあたえるに値するものであることは知っていた。しかし労働者や貧困層家庭の女性たちは、ブルジョワ女性たちよりもずっと疎外されていたから、選択の余地もなかったし、自分たちがおかれた境遇についての意識も希薄だった。また、自分たちの階級との連帯を重視し、女性の状況よりも階級闘争に関心をもった女性たちもいた。マルクス主義者たちは女性の搾取という特殊な形態に意識的であると主張し、実際、エンゲルスは、家庭において夫はブルジョワであり、妻はプロレタリアートであるとさえ書いている……。しかし彼らは革命のみがプロレタリアートの、そしての女性の疎外に終止符をうつことができるとかんがえていた。ベーベル(63)は社会主義者のなかではもっともフェミニズムに理解があった人物だが、彼は旧来の私的領域を廃止して共同体的生活を充実させれば女性は解放されるはずだとかんがえていた。

(63) ベーベルは『女性と社会主義』(一八七九)という本を書いている。

五〇年代によくつかわれたことばだが「家庭用器具製造業」の発達は必要な家事労働の量とつらさを客観的に減少させ、問題を緩和することに貢献した。家電や衛生にかんする技術革新がつぎつぎと実現されるということがなかったら、女性は以前からみんながやっていたように女性だけで家事をひきうけつづけるということはしなかっただろう。そして、低年齢の子供の世話のために保育園にたよるようになったのとおなじように、洗濯や料理のような日常生活に必要な仕事を家庭外の機関にまかせることを要求したであろう。

しかし、伝統的に家庭内でおこなわれてきた仕事が外注されるという現象はそれでも発生した。とはいえそれは(ベーベルが主張したように)私的領域を廃棄して、共同体的生活に移行したからというのではなく、おおくの仕事が産業化され商業化されたためである。家のなかでおこなわれる仕事は驚異的に減少した。とくに食事にかんしてはそうである。しかし家庭の外部でおこなわれるものはすべて費用がかかり、貧しい階層の女性に不利にはたらく。二重労働をおこなうのはとりわけこうした女性なのである。

しかし一番重要なのはやはり子供の教育である。これは人間にとってもっとも高貴で、もっとも必要な仕事のひとつである。しかし、ひとびとはこんなに重要な仕事さえおとしめつづけた。というのもそれは家庭、私的空間というノーマンズランドにいる女性によっておこなわれていたからである。われわれは子供の教育を軽蔑するのではなく、逆にその経済的・文化的必要性をひとびとにみとめさせるべきだったのだ。

しかし、女性たちが家庭につながれつづけたのは子供にたいする配慮もその理由の一班であった。そうした配慮はよく言われるように人工的で強制されたものなのだろうか。この問いにこたえるのは女性自身だ。女性がこの点で自分の欲求を恥辱をかんじずに主張でき、本質的に男性的なイデオロギーによって軽蔑されてきた価値をみとめさせ、さらにはそれを男性にも共有させることができるようになった暁には、女性はこの問題に自由にこたえることができるようになるだろう。女性はだれでも皆、子供の世話を他の人間におしつけてやっかい払いをしたいとおもっていると証明できるのだろうか。わたしは、この問題にかんしても、ふるい解放のモデルが少々われわれを盲目にし、女性の伝統的役割にたいする軽蔑心を養ってきただけなのではないかとおもう。

とはいえ、別のやり方をすることはむずかしかった。女性を「主婦」という伝統的な役割のなかにとじこめつづけることは論外であった。それは女性の公的空間へのアクセスをとざすことであったから。だから選択肢はきわめてかぎられていた。しかしだからといってすべてを外部と男性モデルに賭け、内部と外部のあたらしい関係をどんな風に構築していくかという問題を提起しなくてよいというわけではなかっただろう。おそらくは外でのはたらき方と家庭生活の両方を変化させ、経済生活を私生活と両立可能にし、家庭経済を包括的な経済システムと和解させることが必要だったのだ。

私生活における性的役割分担という問題はいまだ解決されていない。社会は子供の世話や教育のために女性や家庭のかわりになる手段をみつけるように努力すべきである。しかし今日、そうした方向に社会はうごいていないようにみえる。この不備で一番被害をうけているのは恵まれない階層に属する家庭の子供たちだ。

社会の経済がどんな風に展開するにせよ、女性をうまれながらの召使いとするような家庭経済は消滅させ、すべての労働が一般的な経済体制のなかに組みこまれるようにすべきである。そのためには内部と外部の対立のありようを変更し、家庭の内外において労働のあり方一般を改革し、とりわけ男性・女性双方の労働時間を減少させなければならない。

あたらしい技術や機械の利用のおかげで生産に必要な人間の労働量は継続的に減少することが予想できる。そして、失業のために有給の労働はますます減少し、その価値が高まる一方で、テクノロジーが進歩し、それにともなって人間の労働、とりわけ肉体労働が徐々に不要になってくるためにかつての生産労働は価値をうしないつつある。生産のために労働しなくてもよくなった何百万人もの人間がどんなふうに生きていくのかが近い将来に問題になるだろうとだれもが予想している。将来にはおそらく、現在とは違ったやり方で富を再分配しなければならないのだろうが、しかし生き方もかえなければならないだろう。家庭や私生活をあたらしい目でみなおさなければならないだろう。

男性中心主義的フェミニズムは一九六八年以降、あたらしいフェミニズムにとって代わられた。それはおおくの場合、フェミニズムと呼ばれることを拒否し、男性モデルと決別しようと努力していた。一部のひとびとは依然としてボーヴォワールがえがいた方向性を踏襲していた(64)。しかし女性の特有性がフェミニズム研究の特権的な対象となり、男性的価値のかわりに女性特有の価値が主張されるようになった。このような「普遍主義」の否定は男性中心主義的罠から脱却するためには必要なことだったが、しかしそれによって別の罠に落ちてしまうことになった。それは「分離主義」とか「共同体主義」と呼ぶことのできるものである。アメリカではこの潮流は「ラディカル・フェミニズム」と呼ばれた。

(64) エリザベット・バダンテールの一連の著作がそうである。しかし差異の中和化はバダンテールにおいて独特な形をとる。彼女は両性におけるバイセクシュアルな特徴を強調するのである。とくに『XY——男とは何か』オディル・ジャコブ、パリ、一九九二年参照。

ひとびとは女性性を分離して、女性自身を出発点として考察しようとし、女性の肉体や欲望を、ときにはナルシスティックなまでに称揚した。女性たちはみずからの自足性を主張しながら、男性の視線や欲望とは無関係に、喜びと誇りをもって、自分自身に熱中した。わたしはこの極端な時期がすばらしく、興味深い時期だったといまでもおもっているが、これはまた必要な一段階でもあった。女性たちはたがいにたいしてあたらしい関係をもつようになったのである。この時期に女性の連帯と友情についてあたらしい形がはじまった。この運動はエレーヌ・シクスーやカトリーヌ・クレマン、リュス・イリガライのようなさまざまな独創的文学作品・理論的テクストをうみだした。

しかしこのような崇高な孤独のなかにとどまりつづけることは困難だった。男性支配を両性間の必然的むすびつきと同一視し、女性の疎外に終止符をうつ唯一の手段は同性愛を選択することだとかんがえたものだけが、そうした立場にとどまりつづけることができた。

こうした立場をもっとも過激に徹底すると、性を区別する必然性自体が否定されることになる。性別というものは異性愛関係の内部でしか意味がないが、異性愛は女性にとって抑圧的である。したがって、とりわけ男性との私的関係をすべて絶ちきった女性にとっては、男性と女性というカテゴリー自体が消滅すべきである。男性と女性という区別された名詞で表現される性的差異は自然にある現実を表現しているのではなく、抑圧者と非抑圧者のあいだの階級的差異を表現しているにすぎないとかんがえられたからである。言いかえると、「異性愛的文化」が女性抑圧の原因であり、性的「階級」制度を基礎づけるものである。当時のアメリカの一部の運動[65]は、異性愛の選択は政治的選択とおなじであり、女性にとって独立性を獲得する唯一の方法は「レズビアンの生活様式」をえらぶことである、と主張していた。作家のモニック・ウィッティグが書いたように、極言すれば「レズビアンは女性ではない(66)。」「レズビアンは女性とは何かという疑問を自分に提起することは絶対にない。レズビアンは女性と生き、むすびつき、性交をするというのは不正確である。というのも《女性》というのは異性愛的思考・経済システムのなかでしか意味がないからである。」こうした立場は、過激ではあるのだが、一斑の真理を表現している。というのも実際、性は差異から出発し、差異あるもの同士がとりむすぶ関係のなかでしか意味も価値もないからである。とすると、同性愛を選択するとき伝統的な意味での性別は消滅してしまうと言うことができるだろう。

(65) ラディカル・レズビアンズや女性ゲイ解放戦線のような団体

(66) 「ストレートな思考」(『フェミニズムの諸問題』第七号、チエルス出版、パリ、一九八〇年二月号)

したがって分離主義も普遍主義もそれぞれその極端な形では男女混成性《ミクシテ》の隠蔽へとつながる。分離主義は差異を称揚し、性の隔離、さらには同性愛的文化を夢想する。一方、普遍主義は性的差異を否定し、主体の性的中立性という口実のもとに男性モデルの特権化を隠蔽する。

それよりは問題を別な風に提起し、一ではなく二から出発しなおす方がよい。というのもこの始原的差異から多数性・多様性が必然的にうまれてくるからである。女性のアイデンティティや自由についてかんがえるだけでは十分ではない。真に混成《ミクスト》的な社会を再考し、そこでは男性も女性もふくめ、すべての人間が自分を責任ある存在とかんじることができるようにしなければならない。

だから女性はいま、普遍主義的な脱政治主義とも、また分離主義的孤立とも決別し、両性間の関係が政治的性格をもっていること、政治が性的側面をふくんでいることを認識するのである。

今日、「フェミニズム」はたんなる女性の理論・政治学であってはならない。それは混成性《ミクシテ》の哲学に依拠しなければならない。言いかえれば混成性の思想はポスト・フェミニズムとなるだろう。それは、社会に女性の存在と視線を刻印しながら、それと同時に男性モデルのみならず、一面的で純粋に女性的なモデルも放棄するだろう。

普遍主義的志向は主体の普遍性を樹立するために性的差異を中和化しようとした。今日、それとは逆に性的差異を政治化しなければならない。つまり性的差異の意味をたえず発明しなおすように努力しなければならない。

混成性《ミクシテ》をかんがえること、それは人間にはふたつのヴァージョンが存在するとかんがえること、人間性をカップルとして表象することである。差異を政治化するということは混成性《ミクシテ》の価値を政治的に翻訳するということを意味しているのである。

親子関係

アイデンティティと同性愛

男性らしさとか女性らしさという言葉はたんに自然な性的特徴だけではなく、象徴的な差異を指示することもある。しかしこれだけでは性的アイデンティティを定義し、個人を男性や女性として確定するには十分ではない（もっともそうしなければならないと仮定してのことだが）。実際、社会によって男性や女性というカテゴリーはことなった意味をもち、実践的帰結のひろがりもいろいろである。

人は男の子や女の子としてうまれるが、では一体、どんな風にして男性や女性になるのだろう。伝統的社会においては、たいていの場合、婚姻上の身分や子供をもつという事実が重要な要素となる。つまり男性・女性はたんにうまれつきの特徴によってだけではなく、父親や母親になれるかどうか（または、それであるかどうか）という事実によって定義される。今日、この原則はわれわれを驚かせるが、しかし実は現代西洋社会においてさえ、子供の有無は性への帰属意識に重要な役割をはたしている。「階級意識」とおなじような意味で「性意識」という言葉をつかうとすると、実際そうした意味での「性意識」が存在する。そしてそれは「性行為《セクシュアリティ》」よりもむしろ出産を経験したときに発生する。しかしひょっとするとこれは女性の場合にだけあてはまることなのかもしれない。実際、時々わたしはひとつの疑惑にとらわれる。ひょっとすると性的差異にかかわるふたつの存在（男女）はおなじ秩序に属していないのかもしれない。男性と女性が性について語るとき、実はおなじことを語っているのではないのかもしれない。男性的・女性的というのは人間のふたつのあり方というだけではないのかもしれない。男性と女性は性という統一的なカテゴリーでまとめられているにもかかわらず、さまざまな対称性や非対称性を内包しながら、実際には両者は完全にことなり、最終的には本当の意味で共通の尺度をもっていないのかもしれない。そもそも、そうであるからこそ、ひとつの性の変種ではなくふたつの性があると言えるのではないだろうか。ひょっとすると母性は男性にはそれに相当するものが一切ない女性のみがもつ特有性であるのかもしれない……。人類という種がそのなかにどれだけおおきな異質性を内包しているかをかんがえると眩暈がするほどである。

伝統的社会のモデルに話をもどすと、つぎのような問いをたてることもできる。すなわち、個人が結婚して子供をもたないかぎりその性的アイデンティティはぼやけたままでいるのではないか、あるいは社会的にほとんど意味がないものでありつづけるのではないか。たとえばクロード・レヴィ＝ストロースは「大部分の社会が独身者にたいしてかんじるつよい嫌悪感」を強調している。彼はほとんどすべての社会が「婚姻身分を非常にたかく評価し」、「男性」をたんにその自然な性や年齢にしたがってだけではなく、独身者とか子供のない夫、家族の父親という基準で分類すると指摘している。そして男性は第一子の誕生をまってはじめて完全な権利をもった成人となる。極端な場合、ボロロ族のように、物質的生存条件が婚姻とふかくむすびついているので、独身者は「実際には半人前の人間でしかない(67)！」さいわいなことに近代社会は個人とその自由に価値をみとめ、独身男女を完全な人間の地位に昇進させた。こうした伝統的な家族・社会構造は今日では古めかしいものにおもえる。現在では、事実上もいつもそうとは言えないまでも、原理上は、個人は自立的存在であり、他の人間に依存する状態になりたくなければ自立的存在でなければならないことは当然である。ボーヴォワールもこの点を強調しているのだが、それはただしい。

(67)「家族」(レーモン・ベルール、カトリーヌ・クレマン編『クロード・レヴィ＝ストロース』ガリマール、パリ、一九七九年、一〇五ページ)

かつて女性は他の性にたいして経済的に依存していたが、それは現在のわれわれには非常に奇異にみえる。しかしアリストテレスが男性と女性は「たがいに相手なしには存在することが不可能なふたつの存在である(68)」と述べたとき、彼はまさしくそうした経済的依存のことを——それだけではないにしろ——すでに念頭においていたのである。

(68) アリストテレス『詩学』I、二、一二五二、a

男性と女性が「たがいに相手なしには存在することができない」のには別の理由もあり、男女には別の依存関係も存在する。快楽にかんする性愛的な依存関係、生殖にかんする生物学的依存関係、そして他のすべてともかかわってくる感情的依存関係。先にしめそうとしたとおり、出産する欲求はたんに生物学的次元に属するのではないが、生物学的な依存関係を必然的に包含する。このように依存関係といってもさまざまな内容があるのだが、われわれが先にアリストテレスの《男性と女性はたがいに相手なしには存在することができない》という言葉を引用したのは、両性の相互依存関係一般について論じたいとかんがえたからだ。

ここで、わたしが男女の相互依存を自然とかんがえ、したがって人類は「異性愛的」であるのが自然だと暗黙のうちにみとめている――こんなふうにわたしを批判する人がいるかもしれない。わたしはそれを自明だとかんがえていることをみとめよう。人間は普遍的に性別をもち、一般的に異性に欲望をもち、生殖のために異性に依存する。そして人間はまた一般的に生殖を望む。同性にだけ関心をもつことは偶発的であり、数はおおくとも一種の例外であり、そして例外は規則を確認する。いまわたしはアリストテレスの古典的な区別に準拠して言葉をえらんだ。すなわち、必然的なるものは例外がない（数学の定理のように、それはつねにそうである）。一方、一般的なるものは通常はそうなるが、例外がある（自然に生じるものの場合がそうであるように、それはたいていの場合そうなる）。最後に、偶発的なるものは時々発生する。

両性がたがいに依存することをやめ、分離し、異性への欲望のかわりに同性にたいする欲望――今日それは同性愛と呼ばれている――にしか出会わないとしたら、性的差異についてかんがえる術は一切うしなわれてしまうだろう。わたしはいま、同性愛と書いたが、これは括弧つきでつかうべきであった。というのも異性愛同様、この最近つくられたカテゴリーにはいろいろと問題がある。しかしこのふたつの言葉は非常によくつかわれているから、そうした用心をしても少々わざとらしいだけだろう。

ここで提起すべき第一の問題は、「同性愛」であれ「異性愛」であれ、愛の対象の選択は性的差異にかかわっているのかどうか、もしかかわっているとしたらどんな風にか。個人の「性的」アイデンティティを定義する際にそうした選択の違いを考慮にいれるべきなのかどうか。各人は社会的に「ホモ」とか「ヘテロ」と自分を定義しなければならないのかどうか。さらに、このようなあたらしい形の性的アイデンティティとはどんなものなのか。

こうした問題のたて方ができるのはセクシュアリティの概念が完全に変化してしまったためである。かつてセクシュアリティとは通常、生殖との関係における性的差異にかかわっていた。生物学的セクシュアリティに婚姻や親子関係のような制度によって翻訳される社会的「セクシュアリティ」が対応し、男性・女性の違いは夫・妻や父親・母親の違いと重なるとかんがえられていた。性的差異やそれがうみだすアイデンティティ効果は本質的に生殖における役割の違いにむすびつけられ、それがさまざまに解釈されていた。フランソワーズ・エリチエはこうした差異の基礎を本質的なものとかんがえる。彼女は性的差異（とその課題）を解剖学的性のレベルにではなく、生殖のレベル、ひいては女性の妊娠のレベルに位置づける。

しかし愛は生殖だけによって定義されるわけではない。愛という言葉は、それがもたらすもの（生殖）とは独立して、エロティックな関係それ自体をも指示している。だからプラトンをもじって、愛の女神、あるいは性の女神はふたりいると言ってもよいだろう。豊饒の女神アフロディーテと官能の女神アフロディーテ、生命の女神と性愛の女神である。幸いなことにこのふたりの女神は姉妹であり、両者が結合することもありうる。

しかし第二のアフロディーテ、官能の女神はその姉妹である豊饒の女神にくらべて性的差異にむすびつく度合いがすくない。というのも性的差異を少々曖昧な状態に放置したまま快楽を追求することはかならずしも不可能ではないからである。そうした差異を無視しても官能の満足を実現することができるのである。

しかし同性のふたりの性愛関係において、快楽の女神が豊饒の女神と出会うことは決してない。これは絶対だ。

文学テクストに表現された男性の同性愛的欲望をみてみると、その構造は別の種類の亀裂——つねにみられるというわけではないが、非常に頻繁に観察できる亀裂を内包している。性と愛とのあいだの亀裂である。つまり一方には純粋な性の快楽、すなわちエロティシズムが存在し、他方には性が不在する純粋な快楽（＝愛）が存在する。まるで肉体と魂、霊と肉がまじりあってはならず、別々に存在しなければならないかのように。

おそらくこれはひとつの純粋さの欲求のふたつの側面なのであろう。一方で、性、ひとつの性以外のなにものも容認せず、混合物や混成性《ミクシテ》を排除した快楽。もう一方で、性的なものを排除し、性を完全に除外して、肉体との混淆という不純さをもたない魂だけの愛。

アンドレ・ジッド、コレット、ジュリアン・グリーン、三島などの作家がこうした二重の純粋さの欲求をどれだけつよく表現しているかしめすこともできよう。一方でまじりっけのない性の快楽、熱く肉体を希求する同性愛的欲望、他方で肉体を排除した純粋さにたいする形而上学的・神秘主義的嗜好――彼らはこの両方を同時にもっている。カトリーヌ・ミヨはジッドやジュネ、三島を論じて、つぎのように述べている。「彼らが共通しておぞましくおもうもの、それは混合、不純さである。（……）彼らはカタリ派〔訳注：中世南仏で勢力のあったキリスト教異端派〕であり、完全に純粋な善と悪を同時に欲する。肉体をもたない精神、言葉をもたない肉、欲望なき愛、愛なき欲望――こうしたもののそれぞれが混合物のない純粋さで実現されることを彼らは望む。彼らが拒絶するもの、それは《受肉》、肉体となった《言葉》である(69)。」混成性《ミクシテ》にたいする同性愛的不安と形而上学との共犯関係はたとえば『仮面の告白』においてつぎのように表現される。「わたしのなかには霊と肉の完璧な分離があった。」同性愛的欲望には、あるいはすくなくともこうしたタイプの男性には、生殖機能とは分離した形でのフェティッシュな男性性器崇拝がひんぱんにみられる。ジュネは混成性《ミクシテ》つまり性の混合の拒絶は生殖の拒絶となんらかの関係があるとみとめているが、それはこのことをよくしめしている。

(69) カトリーヌ・ミヨ『ジッド、ジュネ、三島――背徳の知性』ガリマール、パリ、一九八七年、一五ページ

こうした作家はみな、古代からのプラトン的な魂と肉体の分離を彼らなりのやり方で演じなおしている。ただそれはあくまでも彼らなりのやり方で、である。というのもプラトンは『饗宴』で男性の女性にたいする愛を少年にたいする愛に対立させているが、少年愛はその魂にむけられるのであって、肉体にむけられるのではない。この点に違いはあるのだが、それは別として、この対話篇において、民衆的アフロディーテは生殖的愛、つまり女性の肉体の受胎によって永遠をめざす愛を象徴し、天上のアフロディーテは「魂の受胎」をとおした永遠の真理への愛を象徴している。ただし受胎するのは少年の魂だけであって、少女のそれではない。

女性にたいする愛は子供をとおして生きつづけることを望むひとびとにはふさわしいが（それは民衆的な欲求である）、少年にたいする純化された愛は永遠のイデアを観想することを望むひとびとにふさわしい。いま、純化された愛と言ったが、ソクラテスはアルキビアデスの求愛を拒否したと言われているから多分そうなのだろう。しかしここにはさっきあげた作家たちとの類似性がみられる。すなわち、不純さはすべて女性の肉体や生殖の側にある。それにたいして、少年の美はより純粋であり、そしてイデアの美はさらにいっそう純粋である。

われわれは依然としてプラトン主義者なのだろうか。われわれの時代の特徴のひとつは性生活がますます快楽によって定義されるようになったことである。そして生殖は性と完全に分離されたとまでは言えないまでも、たまにしかむすびつけられない。こんなふうに性生活が生殖とは独立して別個にかんがえられるようになったのは、ある程度はフロイト的なアプローチのいくつかの側面（すべてではない）の影響もある。とはいえフロイト自身は「生殖にかかわる」性行動《セクシュアリティ》を特権視しつづけた。それにもかかわらず、ひとはますます快楽のさまざまな側面、欲望自体や、その多様な「対象」にたいして関心をもつようになった。愛がむけられるもののすべてがリビドーの対象となる。二〇世紀初頭にひとびとは「愛の対象」として異性（ギリシャ語のヘテロ）ではなく同性（ギリシャ語のホモ、「同一」）をこのむ人間の性行動《セクシュアリティ》を定義するために同性愛という言葉をつかいはじめた。つまり（快楽や愛の）対象の分類から出発して主体を分類し、欲望の主体をふたつのカテゴリー、同性愛者と異性愛者にわけたのである。

このあたらしい用語法には利点があった。価値判断なしに欲望の記述のみに専念できること、またふたつの言葉をシンメトリックに構成することによってふたつのタイプの性的「対象選択」を同等にあつかうことができること、この二点である。

しかしこれにはおなじ理由で不都合もあった。同性愛者はかつて一般的な道徳の観点からも、またそれを精神病の一種とかんがえていた精神医学の観点からも「倒錯者」とみられていたのだが、フロイトはそうした観点にもとづいて同性愛者を社会から排除するという考え方と決別することを可能にしてくれた。しかしだからといって彼は性行動《セクシュアリティ》にはいかなる「規範」もないとかんがえていたわけではなかった。同性愛者の人格全般にかかわる評価とは無関係に、精神分析学の父は同性愛はリビドーの「正常」な発展とくらべると本質的に例外的現象であるとかんがえていた。たとえ「正常」という判断が自然よりも文明の要請に基礎をおいていたとしても。

とりわけフロイトはすべての人間がバイセクシュアルな傾向をもち、リビドーがむかう「対象」

がどんなふうに「選択されるか」は複雑で不確実な偶然性の結果にすぎないことをあきらかにした。たとえばエディプス・コンプレックスがどんなふうに形成されていくかは後の性行動にとって決定的重要性をもつが、それ自体がすでに二重である。すなわちフロイトはこれには陽性と陰性（あるいは逆転型）のふたつがあると述べている。したがって、同性愛は自然と絶対的な矛盾関係にあるというよりは、人間のもつ可能性のひとつを表現しているとかんがえてもよい。しかし、人は成長すると幼児期のバイセクシュアルな傾向や部分欲動から欲動が性器のもとに統合される段階に移行する。そのとき、性的アイデンティティが獲得されると同時に、リビドーが、原則的には、あるひとつのタイプの対象――それはおおくの場合、異性である――に固着される。このとき、社会的な配慮がある程度まで生物学的・心理的利害とあわさって、もともとのバイセクシュアルな傾向がもっていたふたつの可能性のうちの一方を抑圧する。しかしこのふたつの可能性は完全に等価なのではない。フロイトは男の子が父親にたいして愛をかんじ、女性のようにふるまう逆転した形でのエディプス・コンプレックスを「逆転型」と呼んだが、それはまさしく「陽性」の方が男の子の本来の姿に合致したものであるからだ。フロイトはこのことをつぎのように述べて説明している。すなわち、陽性エディプス・コンプレックスが逆転した逆転型では「男の子は同時に女の子のようにふるまう(70)。」つまり陽性エディプス・コンプレックスは子供の生物学的性に基盤をおいている。そもそもエディプス・コンプレックスが二重であるのは、幼児の原初的な（バイセクシュアルな）「性的傾向」のためだけではない。子供は、現実的にも象徴的にも、混成的《ミクスト》カップルである両親からうまれるという事実も影響している。性がもっているこうした構造のために各人は自分のなかに葛藤をはらみ、いつかは自分の性的アイデンティティを選択することになるし、また自分のリビドーの対象としてそれ自体性別をもった対象を選択するよう運命づけられているのである。

(70)「自我とエス」(『精神分析学試論』、プチ・ビブリオテック・ペイヨ、パリ、一九六三年、二〇二ページ)

こうしてフロイトは性の二分法がすべての「主体」にさまざまな問題を提起することをあきらかにする。女性という性別をもつようになるのか、それとも男性か。自分の欲望をどんなふうに構造化し、欲望の対象としてなにをえらぶか。このふたつの問題はつながっているが、厳密な意味で同一ではない。

自分を男性とか女性と定義することは主体の性的アイデンティティの問題であるのにたいして、同性愛はあくまでも「対象の選択」、欲望の構造化の問題である。同性愛の選択がどんな問題を提起するにせよ、それは精神分析学的な観点からすれば性的差異やその差異が最終的には生殖に基礎をおいているという事実自体を問題化することはない。しかし七〇年代中頃からアメリカではじまったゲイ・スタディーズやレズビアン・スタディーズは性別《ジェンダー》が文化的構築物であると証明しようとし、同時に「同性愛」と「異性愛」の差異をおおきく相対化してしまった。

同性愛・異性愛という概念が欲望の対象の分類から出発しながら、最終的に主体一般を分類する概念になったことを先に述べたが、その結果、いまや同性愛・異性愛をめぐって、個人のアイデンティティ、さらには共同体のアイデンティティの問題が提起されるにいたっている。われわれはおそらく欲望の対象から主体へ意味がずれたという事実に十分に注意をはらってこなかった。その結果、性をめぐって人間についてあたらしい分類法が構築された。つまり性やジェンダーではなく性的嗜好によって人間を分類し、そうした分類法が各人を固定的・決定的に限定づけてしまう。

同性愛と異性愛というあたらしい二分法は性別とおなじくらい複雑な境界問題を発生させる。このふたつの概念はシンメトリックにならんでいるために、愛や欲望の「周辺的な」形態の地位をおおきく変化させる。すなわち同性愛は一般的法則の例外や違反としてではなく、ふつうの形の性行動《セクシュアリティ》と等しい性のあり方のひとつとかんがえられるようになる。さらに一部の人は同性愛を「マイノリティ文化」に固有なものとかんがえ、それを多少なりとも抑圧的な「マジョリティ」の異性愛グループに対置する。これが、すくなくとも、同性愛の「ポリティカリー・コレクト」な見方となる。

こうして同性愛は個人のアイデンティティを決定するあたらしい特徴となる。そして男性・女性という対立はほとんど同性愛・異性愛の対立にとって代わられるほどになる。さらに、同性愛の政治学が展開され、さまざまな選択や戦略が提示される。そうした理論や政治学は固有の必然性と正当性をもっており、それはわれわれがここまで論じてきた問題とは別の次元の問題を提起している。

フランスでもアメリカでも一部のフェミニズム運動はしばしば同性愛運動との親近感を表明したが、そもそも女性をマイノリティとして定義できないという一事をもってしても、女性一般の立場と同性愛者男女の立場はおおきくことなる。それに同性愛という概念は女性同士の性行動《セクシュアリティ》と男性同士の性行動《セクシュアリティ》とをわけるおおきな違いをかくしてしまう。その結果、ゲイの利害とレズビアンのそれとは必然的に同一であるとおもわせてしまうのだが、おそらく本当はそうではない。極言すれば、「同性愛」というカテゴリーは性生活にかんしてもうすこし単純化されないアプローチを実践する妨げになっているとかんがえてもよい。

「同性愛の政治学」が存在し、さまざまな運動や立場をつうじてそれが表明されているのだが、同性愛にも複数の政治学が存在している。個人的・私的選択の特有性を強調し、自分のあり方が尊重されることを要求するが、一般化可能なモデルを構築するとは主張しない立場。マイノリティ・グループ特有の共通した生活モデルをつくりあげたいと欲し、それが一般的な異性愛モデルと同等の価値をもっていると主張する立場。この第二の政治学の枠内に入るのだが、ある種のひとびとは結婚や生殖もふくめて「異性愛者」と厳密に同一な権利を要求する。（このふたつの立場が一般的な傾向である。ただしこれで存在するすべての立場が網羅されているということではない。）

このふたつの方向性にふたつの戦略が対応する。そのどちらもが政治共同体における同性愛者の位置と権利にかかわっており、政治的性格をもっているのだ。その第一の戦略は両性の性的自由のための妥協なき闘争を志向する。それは性的嗜好や実践一般にたいする寛容を実現し、個人の生活様式にむすびついたあらゆる差別に反対する一貫した政治学を前提としながら、犯罪的な性格をもっていないかぎりは私生活を絶対的に尊重することを要求する。場合によると、例外や、さらには逸脱さえもがある程度まで価値あるものとされ、一般的な秩序への同化欲求を表明するよりは、特異的であることの権利を擁護する。（ちなみに、こうした立場は男女の独身者にあたらしい地位をあたえるという主張をともなっていることもある。われわれの社会は、多少隠避な形で、独身者を迫害しつづけているのだ。）独身者という生活様式はどんな場合でも雑婚以上に秩序壊乱的とかんがえられている。というのもそれは私生活に分離主義的で秘密めいた性格をあたえているからである。

寛容を訴えるこうした戦略は普遍主義的でありうるという利点をもっている。というのも、個人の性的分類がなんであれそれとは無関係にだれもがこうした主張をすることはできるからである。それは愛の快楽や性にかかわるすべてを私的領域におくりこむ――「異性愛者」もふくめて。（そもそも異性愛者も全員が結婚しているわけではない。）

第二の戦略はむしろあたらしい生活モデルを構築し、別な文化を発達させ、ことなった価値や行動様式を主張しながら、伝統的社会のなかであたらしい共同体を認知させようとする。こうした潮流はアメリカが起源だが、独自な語彙の使用を主張し、その結果、現在、ゲイ・カルチャーということが言われるようになっている。それはあたらしい生活様式の発明を価値とした一九六八年以来の風俗解放のうごきの一環である。

「同性愛カップル」のモデルをこの潮流のなかに位置づけるべきなのかどうかわたしにはわからない。実際、ある意味では同性愛カップルは同性愛を生きるあたらしい生き方、同性愛であることを積極的にうけいれる生き方である。しかし別の側面からかんがえると、それは異性愛モデルや混成《ミクスト》的カップルのあり方を模倣してつくった同性愛の公式的表現ということになる。多分、こうした形は戦略的な機能をもっているのだろう。というのもこうすることで、子供をもつこともふくめて、同性愛カップルは異性愛カップルとおなじ権利を要求することができるからである。

同性愛カップルは現代社会においてますます認知されるようになり、そしてそれは喜ばしいことなのだが、しかし同性愛カップルが親として混成的《ミクスト》カップルとおなじ資格をもつと言えるかどうかかんがえなければならない。もちろんわたしがここで言っているのは同性のふたりが生殖補助医療技術をもちい、子供との親子関係を法的に樹立することを要求し、その子をふたりの男性あるいはふたりの女性の息子や娘として認知させるというケースである。おたがいの関係がどんなものであれふたりの（あるいはそれ以上の数の）男性や女性がひとりの子供を一緒に育てるという個別的なケースをわたしは問題にしているのではない。いろんな事情で子供が親からひきはなされている場合には、そうしたケースはいつでもありうるし、またそれが幸福な結果をもたらす場合もおおい。子供の出自や親子関係が問題にならないかぎり、そうしたケースは原則的な問題を発生させない。問題になるのは法律、つまり規範や制度であり、実際におこるさまざまな状況ではない。

同性愛者が「カップル戦略」を選択するケースはじょじょにひろがっているが、同時にそれにたいする反対もないわけではない。というのもそれは同性愛関係を同性の人間による「異性愛」カップルの複製《レプリカ》としているわけだが、それは利点をもつと同時に不都合さもふくんでいるからである。利点であるというのは（「同性愛」も「異性愛」もふくめ）あらゆるタイプのカップルについて権利の平等を訴えることで、民事連帯契約《パックス》のように一緒に生活する男性や女性のあいだに法的関係を樹立することができるようになるからである。そうした可能性がひらかれることは人間的観点からみて意義があることは明白だし、そもそもエイズの流行がひきおこした困惑はそれだけでもこうしたあたらしいタイプの契約が制度として創設されることを正当化するだろう。この選択はまたある生活様式を社会的に認知することを可能にし、それに正当性をあたえる。さらに付随的に、この方式は保守的なひとびとを結局は安心させることになる。彼らはそこにみなれた心理的・感情的・社会的構造をみいだすことができるからである。

しかしこのモデルにも不都合はあり、一部のひとびとはそれを問題にした。それは異性愛カップルを模倣してできたこうしたカップルが少々「わざとらしい」ことであった。同性愛者は異性愛者とおなじようなカップルという構成をとっても、その背後には同性愛特有の生活様式と多様な欲望をひそめているからである。それはまた男性カップルにも女性カップルにも適用できると主張されたが、女性同士のエロス的関係や愛情関係は男性同士のそれとはおなじタイプのものではない。男と女の性的行動のあいだに類似性も対称性もないのとおなじように、ふたつの「同性愛」形式と単純に記述されるもののあいだに対称性は存在しない。

こうした配偶者モデルをすべてのゲイが採用しないのは、とりわけそれが同性愛男性の性《セクシュアリティ》の生き方に合致していないためである。

映画ではしばしば「同性愛カップル」が模範的なえがき方をされる。たとえばアメリカ映画の『フィラデルフィア』がそうだが、まるで一般大衆にたいして同性愛者の性生活について感傷的で無菌化されたイメージを提供することを目的にしているみたいにみえる。そして実際に、同性愛の独自性や逸脱的な側面はついに語られることがない。それにたいしてブルース・ラ＝ブルースとリック・カストロの映画『ハスラー・ホワイト』はカリフォルニア州サンタ・モニカのゲイたちが生きる歓楽街を売春、サドマゾ的行為やフェティシズム、暴力的・集団的な欲望充足のさまざまな形式とともに赤裸々にえがく。その映像は、他のおおくのものとは違って、同性愛特有の性的実践を月並みな形に修正したり、正常化したりしようとはしない。それどころかリック・カストロは「異性愛」の性行為モデルをゲイにたいしてメッキのようにはりつけることを断固として拒否する。彼はインタビューでこう宣言している。「ゲイ社会でも一部の人たちは性や愛についての異性愛的価値を同性愛者にうつしかえて、『われわれはおなじだ。われわれもみんなとおなじように恋におち、性的関係をもつ』と言う。しかしわたしはそれはまったく本当ではないとおもう。（……）おおくの同性愛者が完全な男性をさがしもとめている。彼らは自分たちを性的に興奮させるものについて非常に特殊な基準をもっている(71)。」同性愛者の欲望を条件づける基準をはっきりと明言しながら、リック・カストロは同性愛者の欲望が「倒錯的」（精神分析学的意味での）構造をもっていると主張する。性的パートナーを複数もつということはここでは重要な意味をもっている。というのも特有な基準にもとづく嗜好の方がどの人間をえらぶかという問題よりも重要だからである。ブルース・ラ＝ブルースも「同性愛は非常に病的」であり、「暗い側面」をもっと強調している。

(71)《リベラシオン》でのインタビュー、一九九七年九月三日

すべての性行動《セクシュアリティ》が「暗い」側面をもっているのだから、男性の同性愛にだけそれをおしつけ

てしまうことは同性愛的欲望がすべて倒錯的とかんがえることと同様、単純すぎる。しかしそれにしても何故、特殊な形態の欲望をそれとは非常に違った伝統的構造と同一視しようとするのか。

ミシェル・フーコーは同性愛的欲望を月並み化しようとしたという嫌疑をかけられる可能性がほとんどない思想家だが、彼でさえ同性愛について挑発的なイメージを使用する欲求とひとびとを安心させるイメージを使用する欲求とでひきさかれている。彼はこう説明する、男性の同性愛の通常のイメージは「ふたりの男性が街であい、目で誘いあい、たがいの尻に手をあて、一五分後にはセックスをしているというものだ(72)。」フーコーによれば、こうしたイメージの仕方は不正確ではないが、皮相で、どちらかというと人を安心させるものだ。彼によればそれは「同性愛を小綺麗に表現したもの」で、だれも不安にさせることがない。まさか!と叫びたいところだが、哲学者フーコーによると、人が同性愛に困惑するのは「法や自然に合致しない性行為」を想像するからではない。「それがひとびとを不安にさせるのではない。そうではなくて、人がたがいを愛しはじめること、それが問題なのである。」視点の逆転はたしかに巧妙ではあるが、これは嘘っぽく聞こえてしまう。愛や友情について語られるやいなや、世論はいつでも同性愛と和解できる。世論は感動し、承認する。世論を不安にさせるもの、それはフーコーがなんと言おうと、法の侵犯であり、ソドミーであり、パートナーが複数いることである。だから同性愛の性行動《セクシュアリティ》の特殊性をみえないようにするか、それとも一般的な基準の外にある特異な形態として積極的にそれをみとめるか、どちらかを選択するしかない。ほんのすこし前までは支配的だった同性愛にたいする社会の不寛容や信じられないほどの暴力的な反応は消えてしまったのだから、いまなら選択も可能である。昔は性的規範からの逸脱は犯罪と同一視されていた。が、いまではそうではない。しかしもう犯罪ではなくなったからといって、それが規範にならなければいけないというわけではない。

(72)『語られたことと書かれたこと』ガリマール、パリ、一九九四年、第四巻、一六四ページ

おおくの同性愛者にはひとつの矛盾、おそらく解決不可能な矛盾がある。彼らは逸脱的で奇矯《エキセントリック》な立場を誇示的に主張したいという欲求をかんじているが(つまり性的な完全な自由を堂々と主張したいという誘惑)、同時に社会から排除されることをおそれ、みんなにとけこむことを望み、さらには正常な家庭生活にノスタルジーをかんじる。挑発的な誇示と認知の欲求をないまぜにしたゲイ・プライドはこうした矛盾を表現している。

つまり夫婦関係を模倣した形での同性愛の実践は行動やパートナーを「正常化」することをねらった近代の産物なのである。フーコーが男性間の友情や愛情の価値を強調したときでさえ(それは読者を安心させるためというより誘惑するためであったが)、彼が最終的に依拠するのはカップル構造ではない。フーコーはいつも男性同士の友情や愛情をとおしてまったくあたらしい人間関係を創出することをめざしていたのである。フーコーは性行動《セクシュアリティ》やそれを思考したり判断したりするためにつくられた概念の歴史的次元にとりわけ注意をはらっていたから、「同性愛」という言葉の近代的な性格を強調することを怠らなかった。この言葉は同性のパートナーを選択することのみを強調しており、その点で、たとえば古代ギリシャで流通していたカテゴリーとは非常にことなっている。性生活をえがくためにつかわれた概念の歴史的変遷をたどる作業をおこなった『性の歴史』の

著者フーコーは近代的カテゴリーの批判をおこなう。彼は積極的告白(自分の同性愛を公に宣言し、それを積極的に主張するカミング・アウト)が解放へむかうための不可避の道であるとはみなしてはいなかった。彼は欲望を理解し、あたらしい生活様式を実験するために同性愛という一般的すぎる概念が必須であるとはかんがえなかったし、また同性愛というアイデンティティを主張しても何のやくにもたたないことを理解していた。そもそも彼は解放という論理のなかに自分を位置づけていたのだろうか。ひとびとは彼がこの点で役割をはたすことを期待したのだが、それはきわめて疑わしくおもわれる。が、古典的な夫婦モデルを婚姻契約や子孫もふくめて完全に模倣して同性愛の生活様式をつくりあげ、それを社会に認知させるという傾向にいたっては、フーコーならばきっとそれを笑いとばしたであろうとわたしは想像するのだ。

たとえばK・J・ドーヴァー[73]の著作の書評でフーコーは、古代ギリシャ倫理学において重要だったのはだれをえらぶかとか相手の性別とかではなく、能動性と受動性の違いであったという点を強調する。つまり「挿入することと挿入されること」の違いであり、それは「性的関係のふたつの可能性である」と彼は説明する。フーコーはこう書く、「ギリシャ人にとって精神的におおきな境い目になるのは主体の位置(能動的か受動的か)である。これは男性特有の倫理にとってきわめて重要な問題であり、この要素とくらべると、パートナーの選択(少年、女性、奴隷)はほとんど重要性をもたない。」だから少年を愛好するものもかならずしも女性との性交渉を排除しないし、またその選択は「特定の感情的構造」の表現であるわけではない。

(73) K・J・ドーヴァー『ギリシャにおける同性愛』パンセ・ソヴァージュ、グルノーブル、一九八二年。フーコーは《リベラシオン》一九八二年六月一日号でこの著作について記事を書いている。(『語られたことと書かれたこと』前掲書、第四巻、三二五ページ参照)

フーコーが強調するように、古代ギリシャのこうした観点は「男性特有の」倫理のなかに位置づけられる。というのも、その考え方によれば、能動性という価値は男性の占有物であり、受動性は女性性とむすびつけられるからである。だからこの「受動性」は男性にとっては屈辱的であるが、女性にとってはそうではない。このように男性や女性の性格を定義するものとして能動性・受動性というカテゴリーがつかわれているのだが、これは同性愛関係においてパートナーの性本来の役割が逆転するということを含意している。つまりすくなくともふたりのうちの一方が本来の自分のあり方を断念しなければならない。だから、ギリシャの倫理において、受動性は男性にとって屈辱的なのである。

男性パートナーの一方が自分の性固有の行動(つまり能動性)を放棄しなければならないということは、このように記述された同性愛関係がサドマゾ的要素をふくんでいるということを示唆している。一方は受動的、他方は能動的となるパートナーの相違はきわめて重大な非対称性である。この対立は性別とむすびついていないのだから、ふたりの男性(あるいはふたりの女性)のあいだの力関係によって決定されているとかんがえられる。この点に関連して、精神分析学はよく女性にはマゾヒズムがみとめられると主張するが、この「女性特有」とされるマゾヒズムは実際は男性の視線によってつくられたものではないだろうか。つまり男性が、もし自分がその立場だったらかんじるであろう（そして女性に代わって想像の上でかんじる）屈辱感を女性にたいして投影しているのではないだろうか。ラカンは女性のマゾヒズムは男性の性的幻想《ファンタスム》だとしているが、それはおそらくただしいのだろう。

以上のきわめて簡略な考察をあえてここでおこなったのは、つねに目にする能動性・受動性という対概念を再検討するのに役立つとおもわれたからである。こうした対概念の用法や意味はたいていの場合、男性の視線の産物なのではないか問いなおされるべきであろう。女性は自分の欲望に合致したみぶりや行動をすぐれて能動的とかんじるだろうから、女性にとって能動性を男性性と同一視する理由はない。先に母性にかんして論じたが、そこでも能動性と受動性という概念の使用法を問題にし、能動性を男性に、受動性を女性にむすびつける考え方を批判する必要性があることをしめした。

だから、性の二元性や男性・女性という対概念と決別することは容易ではない。同性愛についてのフーコーの考察は非常に興味深いけれど、男性中心主義から脱却していない。とはいえそれは「異性愛的」アイデンティティとシンメトリックに構築された「同性愛的」アイデンティティの基礎や要求を再検討するためには役にたつだろう。

同性愛を性的欲求の普遍的形式のひとつであり、ただその対象が代わるだけとかんがえられるのだろうか。またそうかんがえることが望ましいことなのだろうか。それともわれわれは同性愛が特有な構造をふくんでおり、逸脱的な側面をぬぐい去ることはできないとかんがえるべきなのだろうか。おそらくこうした疑問は理論的であると同時に政治的である。が、いずれにせよ、生殖にかんして同性愛モデルと異性愛モデルのあいだに厳密な等価性が成立するとかんがえることはむずかしい。とはいえ、この問題は今日、一見そうみえる以上に複雑である。

二重の起源

混成性というテーマが一貫して本書におけるわれわれの考察の指針となってきたのだが、われわれはまず人類が自然に二元性をもった存在であることを確認した。ついで社会はこれまでどんな性的アイデンティティを形成してきたのか、またひとびとはいまそれにどんなあたらしい解釈をほどこそうとしているのかを問いなおした。そして最後に両性間の関係を規制する制度（とりわけ婚姻関係と親子関係）をとおして混成性《ミクシテ》がどんな風に社会生活を構造化しているかを検討した。

一定の割合の男性・女性が異性ではなく同性との性的関係を優先するという事実はもちろん両性の相互依存という原則に変更をせまるものである。しかし現在までのところ、それは家族制度自体に影響をあたえるまでにはいたっていない。家族制度は依然として親子関係・血縁関係についてのいくつかの規則に基礎をおきつづけている。そうした規則のなかでももっとも普遍的なものは、子供は父と母、つまり男性と女性からしかうまれないという事実である。ところで、今日の同性愛者の要求のなかでふたつの点が注意をひく。第一は民事連帯契約《パックス》〔訳注：一九九九年にフランスで成立した制度〕の創設である。これは結婚とはことなるがある種の権利と義務をともなう契約によってふたりの人間が法的にむすばれることを可能にするものである。第二は同性愛カップルが子供を養子にしたり、卵子の提供をうけたり「代理母」の助けをかりて子供をうむことができるようにするという主張である。この第二の要求はまったくあたらしい種類の問題を提起する。医療技術はますます人工的な方法で子供をうむことを可能にし、子供の誕生のために従来必要であった生物学的条件から独立して親となる欲求をみたせるようになった。しかし、だからといって完全に無条件に「子供をもつ権利」をだれにでもみとめてよいのだろうか。とりわけふたりの父親とかふたりの母親とかをふくむような親子関係をつくってよいのだろうか。子供がふたりの同性の人間からうまれたと法的にみとめることができるのだろうか。問題になるのは「うまれた」ということであって、「育てられた」ということではない。というのも子供を教育する役割というのは法的には何も明確なものを意味しないし、また子供のアイデンティティにもかかわらないからである。

こうしたあたらしい事態について、できればタブーなしに、熟慮する必要がある。

このような状況のなかで、まずかんがえなければならないことは、子供をもちたいという欲求、その強さ、正当性、普遍性についてである。また一部のひとびとは性愛にかかわる選択と子供をもちたいという欲求を分離することを望んでいる。また「家庭」生活をいとなみたいという欲求はおそらく一般的にかんがえられているよりはつよいということもある。こうした点も考察されるべきだろう。一般論として、われわれはある種の異議をうけいれず、主観的な観点から自分の欲望をそのまま並列しておき、それが両立可能かどうか自問しようとしないということがよくある。フロイトは「無意識は決してなにも断念することがない」と述べている。技術的に性行為とは無関係に生殖が可能になったのだから、どうして生殖を断念しなければならないのだろう。

しかし主観的な立場をこえて、規範や原理、共通の価値についてあえて問いかけなければならない。場合によればそうした価値は個人の倫理に介入したり、あるいは立法者をうごかして、自由の原理に優先することもある。実際、すべての倫理的・法的・政治的問題を個人の選択という相対主義に還元することは可能なのだろうか。生殖補助医療の新技術が一般的に提起するのはまさしくそうした問題である。

そうした技術のおかげで精子や卵子の提供さえうければ、どんな人でも子供をもつことが可能になった。だからだれでも例外なしにこの技術を自由に利用できるよう放置すべきなのか、それとも法律で規制すべきなのか、そして法律をつくるとしたらどんな風にするのか、こうした問題が議論されてきた。個人的な選択という問題をこえて、家族構造や親子関係の意味といった点にかんする問いかけがなされたのである。一九八五年に欧州評議会でおこなわれた講演でロベール・バダンテールはこの問題を論じているが、この点についてのかれの考え方をここで紹介することは興味深い(74)。

(74)「医学・生物学・生化学の進歩と人権」(《ル・デバ》誌、第三六号、一九八五年)

まず元司法大臣(バダンテール)がかかげるのは「子供をうむ権利」と「子供をうむ方法を選択

する自由」をすべての人間にみとめなければならないという原則である。したがって人工生殖にはいかなる法規制も必要ない、「他人の身体から利益や報酬をえてはならない」という禁止条項以外は。バダンテールはこの例外をのぞけばいかなる基準も必要がないとかんがえているらしく、年齢や性別についても、また親が異性カップルでなければならないかどうかについても言及がない。バダンテールのこの答えは人権のみに依拠している。人権こそがわれわれの文明の原理であると同時に「われわれの人間観」の表現でもあるとかんがえられているのである。

　実際、ロベール・バダンテールはまず「すべての人間の生命への権利[75]」に依拠するが、なんの論証もなしにそれを「子供をうむ権利」に拡張してしまう。「生命への権利はすべての人間が子供をうむ権利をもっているというかんがえを内包しているようにおもわれる……」（傍点アガサンスキー）。そしてこの権利はまた「子供をうむ方法を選択する自由」もふくんでいる。ついでバダンテールは欧州人権協約第八条に書かれた「私生活を尊重される権利」について、それが内包する意味を（ここでもまた）「最大限に拡張」して解釈し、この条項が「自分にとって本質的なある種の決定をする」（傍点アガサンスキー）自由を各人に保証すると述べる。彼の主張を一般化すればその意味は、子供をうむ自由は無条件に擁護されるべきである、ということになるだろう。バダンテールのこうした考え方のもとになっているのは「私生活という限定された領域内」ではすべての人間に自己決定の自由がみとめられるべきであるという主張である。

（75）『欧州人権協約』第二条

フランソワーズ・エリチエは自由や権利についてのこうした純粋に個人主義的な考え方に反論して、個人は孤立したモナドではなく、ここでは社会の存在が忘却されていると述べる。社会は「そのメンバーそれぞれの権利のたんなる集積ではない(76)」エリチエのこうした指摘は当をえている。彼女はまたバダンテールが主張する子供をうむ無条件の権利という考え方にたいして、子供自身の権利、とりわけ親子関係をもつ権利をかんがえる必要性があると述べている。

(76)『男性的なるものと女性的なるもの』前掲書、二七七ページ以降

実際、法律的な観点のみならず倫理的な観点からも、生命を誕生させるという決断が自分自身にとってだけ重要な決断であるとかんがえることはまったく不適切である。

倫理的な観点からすれば、子供をうみ、育てるという決断はすぐさまきわめておおきい責任を生じさせる。そしてそれは自分にとってだけ重大なわけではない。むしろそれは自分自身の欲望や自由をのりこえて、これから自分が責任をとることになるあの他者の自由と権利について自問するようにわたしをうながす。子供をうんだり、生殖補助医療技術をつかって誕生させたり、養子にしたりする決断はただたんにわたしの主観的自由、わたしの自立性、わたしの私生活だけにかかわるものではなく、逆に、わたしがあの他者にたいしてどんな責任をおうのか、それを自問するようにわたしに強制する決断なのである。すくなくとも倫理的な疑問が提起されるとしたら、そして子供がたんなる欲望の対象とかんがえられていないとしたら。

しかしわれわれはここで個人的倫理について語っているのであり、たとえこうした倫理がわたし

に他者について責任をとるようにうながすとしても、わたしのこの決断に立法者は関与する必要はない――こんなふうにかんがえる人もいるかも知れない。たしかにこうした決断はわたしの個人的な責任を発生させ、きわめて内密なわたしの倫理的選択にかかわってはいる。しかしだからといって法律がそれにまったく無関係であってよいというわけではない。

倫理的側面が完全に個人的問題であり、社会にはかかわらないとかんがえるならば話は別である。しかし、もし倫理がたんに個人にしかかかわらないとしたら、なぜ倫理検討委員会などをつくり、議会もその意見を参考にしなければならないのだろう。法律の課題のすべてはまさしく社会に共通な基本的価値と個人の自由な空間とのあいだで両者にとってうけいれ可能な妥協をみいだすことである。一方で社会共通の基本的価値は倫理的な「枠組み」をあたえ、法律はそれにもとづいて制定される。他方で、個人は自分の行為や生活を自分で選択できるように最大限の自由が個人に確保されていなければならない。この点で、われわれの社会はさいわいなことに、例外的な場合をのぞき、性生活は私生活に属するかぎり自由であるとかんがえ、性風俗にかんして法律をつくることをやめ、個人に自立性をあたえた。

しかし生命を誕生させるという行為はそんなに簡単に倫理や法ときりはなすことができるものではない。というのもそれはまだうまれてはいない者（当然、その同意をあらかじめ得ておくことはできない）にかかわる問題であるからであり、またそれは最終的に社会集団全体がそのうえに基礎をおく関係、すなわち親子関係にかかわっているからである。だから生命がどんな風に継続され、伝えられるかという問題は倫理観と関係し、われわれの文明の（さらにはすべての文明の）基本的な構造にかかわってくる。人類学者たちがこうした問題に注意をはらい、考察の対象にするのも偶然ではない。とすればどうして法律がその問題に関心をもたないでいられよう。

しかしこれはきわめてむずかしい問題である。科学的知識と技術革新のために、いまや社会は自分自身の伝統や制度、さらには文化の基礎そのものにいたるまで再検討することを迫られている。こうした事態はこれまでなかった。社会はこれまで前の時代の秩序をうけつぐだけでよかったのだが、いまではそれを自分自身の責任で構築しなければならない。いまやほとんどすべての領域で人間が自分の責任で選択できる範囲が無限に拡大してしまった。そして未来のわれわれの子孫にどんな世界をのこしていくのか、われわれ自身が決定しなければならない。これが現代の特徴である。しかし、逆説的なことに、われわれがになうべき責任は範囲が拡大するにつれ、定義することがますます困難になっている。技術は人間が自由を行使することに貢献するはずだったのに、発展するにつれ本来の目的をこえてしまった。かつてひとびとがめざしていたのは、死をすこし後退させ、誕生をよりよくコントロールすることによって、自然が強制する必然性や偶然性の役割をほんのすこし制限することくらいだった。それが今日、人工的にだれかの生命を維持したり子供を誕生させることができるようになったために、われわれはもう自分たちの力の限界がどこにあるのかわからなくなってしまった。

生命を誕生させる力に話をもどすと、倫理的な観点やわれわれの文化の価値を考慮にいれてかんがえれば、子供をもつ権利について議論するときに子供の権利という視点が不在であっていいはずがない。そもそも子供をもつ権利について論じるというのは少々馬鹿げてさえいる。子供をもつことは自由だが、だれかにたいして行使できるという意味での権利ではないだろう。

ロベール・バダンテールの議論の難点は、権利の問題を個人的な自由の擁護という視点からしかあつかわず、問題の倫理的・法的次元を考慮にいれていないことにある。彼はひたすら人権（「生命を誕生させる」権利や「私生活」の権利）に依拠するが、そのために純粋に個人主義的な観点にとじこもってしまっている。立法者が考慮にいれるのはそうした観点だけではない。法は規範を提供するという使命をもち、価値に準拠し、またそれをひとびとに尊重させる。ここで提起される問題はこうだ。われわれの文明は、この問題のみならず他の領域においても、社会の原子化や主観性のみに価値をおく傾向、自然の軽視から脱却することができるのだろうか。

だから議論を継続しなければならない。とりわけ子供の親子関係にたいする権利、さらには特定のうまれ方をする権利について。そうしたものをとおして子供は人間の秩序に位置づけられるのであり、たんなる実験室でできた製造物のようにあつかわれないですむのである。同様に、自分の身体についての自己決定権に限界がなく、「代理母」――バダンテールはこれをたんなる「誕生前養子」（傍点バダンテール）とかんがえている――を利用することが許されるとしたら、どうやって貧しい女性たちを子宮売買からまもることができるだろう。バダンテールは子宮売買を明確に批判するが、それが開始されることは避けがたい。製品の製造を許可しながら売買だけを法律で禁止するなどまずできるはずがない。子供が実験室で製造されるようになり、関係者のあいだのたんなる私的なとりきめの対象になるとしたら、子供が商品となることを何がとどめることができよう。昔からの意味で「子供をもつ」ということはひとびとの私的な生活の結果であったが、そうした意味での

「子供をもつ」自由と今日ひとびとが望んでいるような「子供をつくる」自由とはかならずしも同列におくことはできない。技術的進歩が人間の思考よりも速く進むときには法律がそれに追いつかない恐れがある。

あたらしい技術的可能性を利用するかどうかを運命にまかせるわけにはいかない。だからわれわれは「同一人物再現」を目的とした人間クローンの実験を禁止したのだ。生殖にかんして、法律はあらゆる技術的可能性の利用を盲目的にみとめる必要はない。

たしかに、親子関係が血縁関係と合致しないケースは大昔からたくさんあった。しかし親子関係の象徴的あるいは法的秩序はつねに自然な生殖の秩序となんらかの関係をもちつづけていたようである。すくなくともこのふたつの秩序のあいだには模倣的関係がある。世界中どこでも家族を基礎づけるのは法律上の親子関係であるが、わが国の法律は親子関係を血縁上の関係と一致させる方向にうごいている。もし子供が要求すれば、（遺伝子検査などを利用して）血縁関係を証明する証拠にもとづいて、たとえ父親の意志に反しても法的に親子関係をみとめさせることができるようになったのはそのひとつのあらわれである。ただし母親はこうした（強制的な）措置からは除外されている。（フランスには「匿名出産」〔訳注：フランスに古くから有る女性が病院などで自分の名前を明かさず分娩ができるという制度。その結果、子供の出生証明書には母親の名前は記載されない〕という制度があるためである。）このように、匿名出産のケースをのぞき、親子関係は最終的に血縁関係に基礎をおいているかのように問題が処理されているのである。

しかし生殖補助医療の分野では、技術の進歩を可能にするために、遺伝子上の関係はいっさい意味をもたないとされている。この点をかんがえれば、現代の法的・道徳的問題がどれだけ複雑な様相を呈するようになっているか理解できる。つまり、この場合には「本当の親」は子供をもちたいと願った人たちであるとかんがえられ、使用された遺伝子素材や子供をつくるのに必要な「母体」は親子関係にかんしてはまったく関与的ではない要素とみなされているのである。そしてドナーの匿名性も注意深く保持されることになる。

生殖補助医療はたんに自然の欠陥をおぎなって、生殖を「補助する」医療というイメージをもたれているのだが、そのためここで問題になっているのがまったくあたらしい事態であるという事実が少々影にかくされてしまっている。が、実際には生殖補助医療が実現するのは自然な生殖から人工的生殖への移行であり、そして最終的には手工業的に、さらには大量生産方式で、子供を生産できるようにするということなのである。たしかにこの新方式によって「不妊カップル」は子供をもちたいという欲求を満足させることができるようになる。しかし、もしこうした形で子供をつくるという原則が容認されると、不妊ではないひとびともそうした可能性を利用したいとおもうようになるとしても驚くにはあたらない。

こうした観点からすると、遺伝子上の関係に基礎をおいた親子関係をもつことについての子供の側の権利は必然的に放棄されることになる。さもなければ養子にされたり、精子・卵子の提供でうまれた子供がみんなその生物学上の親をさがそうとするかも知れないからである。

つまり、法律は親子関係の基礎について矛盾した原理をみとめていることになる。ある場合には子供は欠けた父親をさがす権利をもち、自分の遺伝子上の親をみつけることができるが、別の場合には親は子供を養子にしたり、製造したりする権利をもつとかんがえられ、遺伝子はたんなる製造に必要な材料で、親子関係にはアプリオリに無関係であるとみなされる。こんなふうに法律は矛盾したふたつの戦略・利害の両方に適応してしまっている。実際アメリカで、研究室に発注され製造された子供の権利とその「親」の義務とが解決不可能な問題を発生させ、双方におおきな苦痛をもたらしているケースがいくつも発生している。

だから子供の権利、とりわけ子供が親子関係をもつ権利についてもう一度かんがえなおして原則を統一し、矛盾を解決するよう努力し、医学的実践や法律がどこまで自然のモデルからはなれることができるのか問いなおさなければならない。父性や母性がたんなる医療技術や法的構築によってもたらされるものだとどこまでかんがえてよいのだろうか。

しかし技術によって人間の欲求を実現する有効な手段があたえられた現在、それにたいして倫理的制限をもうける可能性は本当にまだ存在しているのだろうか。

現在の生殖補助医療技術のすべてがあたらしいわけではない。とくに子供を妊娠するために第三者にたよることは昔からあった。フランソワーズ・エリチエが書いているように、夫に生殖能力がない場合、女性が「外部」の男性の援助をうけるということは昔からあった。同様に、妻が子供をうめないときには男性は、場合によれば非常に公的な形で、家庭外の女性に子供をうんでもらっていた。サラが自分を不妊だとおもいこんでいたとき、アブラハムが召使いのハガルに子供をはらませたように。アブラハムのこの物語は幸福な結末をむかえなかった。それはこうしたやり方がすでに昔から親子関係や嫡出性について問題をひきおこしていたことをしめすものだ。しかし、別の男性や女性が生物学的に欠陥をもった父親や母親のかわりをするとしても親となるカップルが混成的《ミクスト》構造をもつことにはかわりがない。実際、『男性的なるものと女性的なるもの』の著者（エリチエ）は、両親の混成的《ミクスト》性格そのものを放棄することは深刻な事態をもたらす危険があると警告している。

しかし、この警告を理論的に根拠づけることは容易ではない。というのもフランソワーズ・エリチエが述べるように、親子関係を最終的に決定するのは制度であり、制度は自然な血縁関係に優先するからである。だとすると、技術的手段さえあれば完全に自由に望むとおりの形で生殖できる、そんなあたらしい家族形態を制度化することを妨げるものがあるだろうか。三人の「父親」とふたりの「母親」（その他、欲するすべての形）で構成される家族をどうして想像してはいけないのだろう。実際、自然な生殖モデル、つまり異性のふたりの人間がかかわる生殖モデルと絶縁するならば、親がふたりでなければならない理由はまったくない。同性のカップルが親になれるなら、そもそもカップルでなければならない必然性はない。

こうした仮定は良識に反しているようにおもえるのだが、それは自然に支えられていない制度は想像することがむずかしいからである。いつの時代でも家族は親として混成的《ミクスト》カップルを優先してきた。それは家族が自然な親のカップルをモデルにかんがえられてきたからである。

文化はつねに自然にたいして非常に自由にふるまってきたが、生殖において男性のはたす役割が知られている場合には、すべての人間がもっている二重の起源、つまりオスとメスからうまれるという事実を社会は無視することはできなかったし、無視したいともおもわなかった。本当の意味での家族が存在せず、ただたんなる経済的なむすびつきしかない社会というのはどんな時代でもまれにしか存在しない。クロード・レヴィ＝ストロースはそうしためずらしい例のひとつをあげているが、それはまさしく生殖における男性の役割を知らない部族の社会であった。実際、ウナンバル族は何の抵抗もなく妻を他の男に貸す。それは、彼らが男と子供のあいだに肉体的にも法的にもいかなるつながりもみとめることがないからである。これですべての説明がつく。家族制度が自然の法にしたがわないことはある。しかし制度はそれぞれの文化が自然について形成する表象と無縁ではありえないということをこうした例はしめしている。

要するに家族は親が混成的《ミクスト》カップルであるという事実を制度化したものとかんがえることができる。つまり家族という制度は人間の起源についての象徴的表象を提示しているのだ。人間の起源がこうした形で形象化されるということは親子関係がたんなる細胞の問題ではないけれど、しかしまた恣意的な構築物でもないということをしめしている。

人類とは雌雄からなり、文化を構築する存在であり、男性・女性はそうした人類のふたつの具体的なあらわれなのである。人間世界の派生物である小さな子供は、自分がそうした男性・女性が形成する世代の連続のなかからうまれたことを知らなければならない。子供は匿名の精子・卵子やクローンの遺伝子の鎖からうまれたのではないのだ。

実際、生殖において混成的《ミクスト》モデルを放棄することはできない。クローンの場合をのぞき、子供の生物学的起源はつねに二重である。どんな技術をもちいるにせよ、結局は精子・卵子の提供をあおがなければならないのである。だとすると親子関係を決めるときに混成的《ミクスト》親カップルのモデルを放棄することがこのましいと言えるだろうか。わたしはそうはおもわない。親子関係は原則として、オスとメス、男性と女性という二重の起源に支えられつづけるべきである。

人類の混成性《ミクシテ》は生殖における両性の役割分担にかかわっているのだが、しかしわれわれのかんがえでは、それはたんなる自然人類学的事実ではない。この二元性はまた文化を構造化する機能もはたしており、さらには価値でもある。というのもそれは独自性と多様性をうみだすからである。実際、各個体が自分の独自性をひきだすのは両親の遺伝子の結合からなのである。

心理的・文化的レベルで、ふたりの母親とかふたりの父親の息子あるいは娘とされる子供はどんな風にして自分の性的アイデンティティを定義していくことができるのだろう。できるだけ性別《ジェンダー》が確定しないような社会をつくることがこのましいとかんがえるなら、そんなことはどうでもよいのかも知れない。しかし本当にそうだろうか。子供は両親のカップル（それは象徴的であると同時に現実的である）のなかに人間の二元性を発見し、ひいては自分の有限性と人間としての運命を発見していく。両親が相互補完的であるというこの必然性のなかに人間は人類が内包する差異と人間の相互依存性を認知するのである。そして同時に父親であり母親であることはできないという事実のなかに子供は自分自身の限界を認識し、自己充足の欲求との対立を経験し、そして自分の性的アイデンティティをみずからひきうけることを学ぶのである。

混成性《ミクシテ》は生物学的な事実であると同時に、根本的・普遍的・倫理的価値である。おそらく他者を表現する形象はいくつもあるだろう、しかし異性というのは他者を象徴する根本的形象である。人間が両性からうまれるという原理を中和化してしまうと倫理的・文化的に深刻な問題が発生するにちがいない。

プラトン対アリストテレス

プラトンの共和国は今日のわれわれには「全体主義的」体制とおもわれるのだが、それが同時に人間について非混成的《ミクスト》な考え方を表明しているのは偶然ではない。国家の守護者たちの生活の組織のされ方をみてみると、この共和国は性を考慮にいれない共同体を樹立しようとしていることがわかる。男性・女性の区別をなくすというわけではないにしても、父親・母親というカップルを廃止しようとするのである。ところで、伝統的に社会を構造化する対概念の構成要素とはまさしく父親としての男性と母親としての女性である。

プラトンの共和国においてはいかなる男性も継続的にひとりの女性とだけむすびつきをもつことができない。そうした意味でプラトンは家族制度を廃止し、「女性の共有」を主張したのだが、彼のこの見解にたいしてこれまで非常におおくの注釈がなされてきた。ここにプラトン思想の「近代的」な側面をみて、プラトンが両性の平等化に賛成だったとかんがえる人もいた。しかしわたしは、それはむしろ性的差異をできるかぎり最小限にするための努力をあらわしており、女性や女性の役割にたいする無関心とむすびついているとかんがえている。それは『饗宴』でプラトンが生殖を軽蔑し、少年愛を擁護していたことからもわかる。

だからわたしはプラトンよりもアリストテレスを支持したいとおもう。そしてプラトンのユートピアが純粋な共同体の夢を表現しており、それは哲学者の少年愛擁護と無関係ではないことを示唆したい。プラトンには人間の混成性《ミクシテ》の否定がある。『饗宴』における愛についての彼のかんがえ、『国家』における政治思想そして感覚界と叡智界の観念論的分離を内包する彼の形而上学、こうしたものすべてがそれをしめしている。『国家』は同性愛的ユートピアなのだろうか。彼の形而上学は混成性《ミクシテ》にたいする恐怖と関係があるのだろうか。

一方、アリストテレスは通常きわめて「女性蔑視的」理論家のひとりとみなされている。というのも彼において両性はつねに極度に序列化されているからである。しかしアリストテレスの思想はその師のそれほどおそろしいものではない。リュケイオンの創始者（アリストテレス）は混成性《ミクシテ》の思想家であり、男性と女性のむすびつきは彼の政治学の基礎になっている。それにたいしてプラトンは国家を権威主義的に統一し、両性の社会的・文化的差異を抹消する。そして人間を動物的な役割だけはたすグループ（人種を改良するために存在し、交接し、生殖するひとびと）と政治的役割に専念するグループ（国家に全力で奉仕する）とに分離する。

実際だれもが記憶しているとおり、アリストテレスは男女カップルの存在の必要性を生殖という人間の自然な傾向のうえに基礎づけた。「第一の必然的結合とは相手なしでは存在できないふたつの存在の結合であり、生殖におけるオスとメスの関係がそうである……」。つまり、この「相手なしでは存在できない」という事実は、人間一般とか、村とか、固有の意味での国家の問題となる以前に、男性と女性の問題なのである。というのも男性と女性はそれぞれ、自分の後に、自分に似た存在をのこしたいとおもうからである。他のすべての関係にさきだって、この点における両性の相互依存が人間のもっとも基本的なむすびつきにおいて混成性《ミクシテ》を必要とさせるのであり、子孫をもちたいという両性の欲求が経済的・感情的・政治的関係をも創造していくのである。

つまりアリストテレスの『政治学』は性の政治学とともにはじまる。男性と女性の相互依存、共存の必要性は政治学の原理であると同時に起源である。ついで、この共存を規制するために、家族を定義する序列的構造の必要性がひきだされる。つまり家族の結合が「最年長の男性」の権力を基礎づけ、そして「すべての家族が君主制的形態で支配される(77)。」アリストテレスにおいて家族が最初の政治的むすびつきであるのはどうしてかという点についてはすでに述べたとおりである。

(77)　アリストテレス『政治学』I，五、一二五二、b

男性にのみ固有の意味での市民権を付与するアリストテレスの政治学はたしかに男性中心主義的で不平等ではあるが、しかしそれはプラトンのユートピアよりもずっと望ましい。というのも彼はともかくも女性を国家のなかに位置づけようとしているからである。それにたいしてプラトンは国家における両性の関係を無視する。そしてそれはある意味当然である。なぜならアリストテレスがきわめて重要とかんがえた両性の結合にたいして『国家』はほとんど価値をみとめないからである。

ふたりのギリシャの哲学者のアプローチの違いは主として両者が生殖にあたえる地位と価値の違いに起因している。アリストテレスにとって子孫をうむという行為は明白に国家が存在するための条件であると同時に、人間存在一般のつよい欲望にこたえるものである。それにたいして、プラトンにとっては生殖は国家にとっては必要なことだが、あまり個人の関心をひかない。市民は高貴な魂をもっていればいるほど、生殖には関心をもたない。

したがってプラトンの国家の指導者たちは子供の問題を厳密に政治的な問題としてあつかう。彼らはそれを同時にふたつの観点から、すなわち市民の数を安定的にたもつという量的観点と新生児を選抜するという質的観点からかんがえる。国家を指導するひとびとは「人類という種」の美しさと質を維持するという政治的要請にこたえるために誕生を管理しなければならない。それはちょうど「犬や鳥や馬を飼育する」時とおなじである。だから国家の指導者たちはひそかに、ごまかしをしたくじで国の守護者たちのなかから優れたものをえらんで男女の結合を組織し、エリートの子供だけを育て、「くず」の子供を育てないようにする。あえて言うまでもないことだが、秘密のうちに、また策略をつかってこうした事柄を実行しなければならないということは、指導者が決めた基準に個人が自発的にしたがうはずがないという証である。プラトンは国家の守護者たちがくじで結合の相手をえらぶというやり方に同意するとかんがえているのだが、これはプラトンの国家において個人がどれだけ受動的な動物の群れのようなものとかんがえられているかをしめしており、彼の政治体制がきわめて権威主義的な性格をもっていることを裏書きするものである。

プラトンの国家においてこうして誕生する子供たちは育児専門の官僚たちに育てられる。子供はだれが親か知ることはなく、親も子供がどうなったかを知ることはない(78)。また子供の世話をする官僚は、赤ん坊に授乳する女性が「自分の子をみつける」ことがないよう注意をはらわなければならない。男性と女性をむすびつける家族構造のかわりにプラトンは女性と子供の共有化を制度化し、親子関係と結婚の両方を同時に禁止する。というのも男性が特定の女性と関係をむすぶことがあってはならないからである。

(78) 『国家』V

プラトンによる家族の廃止を女性を男性支配から解放するための急進的な手段とかんがえることもできるかもしれない。というのも伝統的に男性の女性にたいする権力が行使されるのは家庭の内部であるからだ。プラトンはまた『国家』第五章で性による役割分担にはなんの正当性もないと主張しているから、女性の権利擁護のために彼が尽力しているようにおもえるかも知れない。つまり音楽にせよ戦争にせよ、大事なことは男性か女性かではなく、各人の個人的能力であるとプラトンは述べているのだ。個々の女性に自分の能力を発揮する機会をあたえるべきだと主張する哲学者がふたたび出現するには、ジョン＝スチュアート・ミルまで待たなければならない。プラトンは古代におけるフェミニストだったのだろうか。そうではない。そうかんがえるのはまったくのアナクロニズムである。

職業や社会的機能一般を人に分担させるにあたってプラトンは性に無関心であったが、それは性的差異自体が無意味であるとかんがえたからである。この点はもうすこし検討するにあたいするだろう。

実際プラトンは、政治的な観点からは禿の人と髪が豊かな人を区別しても無意味なのとおなじように、性別による区別も無意味であるとかんがえた。靴屋の仕事を禿の人に禁止して髪が豊かな人にまかせる（あるいはその逆にする）理由がないように、これまで男性がおこなってきた職業を女性にたいして禁止する理由はない。男性と女性の差異は禿の人と髪が豊かな人の差異とおなじように、実際には相対的な差異にすぎず、絶対的な差異ではない。禿の人と髪が豊かな人の違いが毛髪にのみかかわっているように、男性と女性の違いは生殖にのみかかわっている。われわれはこうした論理にはとりあえず同意できるようにおもってしまうのだが、しかし性的差異が純粋に相対的であるという主張の妥当性とそこからひき出される帰結がどんなものか、いま一度慎重にかんがえなおしてみる必要がある。性的差異にかんしてプラトンは、男性は「子供をつくる」が、女性は「子供をうむ」と述べるだけで満足する。これはすでにアイスキュロスによって表明されたギリシャ的な見方に合致していて、子供は母親の胎内からうまれてくるけれど、子供を本当に発生させるのは男性であるという考え方を示唆している。が、いずれにせよ、プラトンはこの差異が国家における男女の性的役割分担を正当化することはないとかんがえている。これはプラトンの生殖にかんする考え方を考慮にいれれば驚くにはあたらない。しかし性と毛髪の比較の妥当性については異議を申し立てることはできる。というのも（あらゆる無意識的な連想は除外して）禿の人と髪が豊かな人のあいだにはその中間的な段階が無数に存在するからである。毛髪の欠如あるいは喪失には段階がある。だからこの差異は色彩の差異と比較できる。色彩にも無限のニュアンスがある。それにたいして女性と男性のあいだには中間物が存在しない。

プラトンの国家における性への無関心は近代的にみえ、現代の共和主義者のなかにもこれをふたたび主張するものもいる。しかしこれを両性の差異をみとめながらその身分の平等性を主張するという考え方と混同してはならないし、また『国家』が主張する措置――両親のカップルの消滅、子供と母親・父親との絆の破壊――の全体からそれをきりはなしてもいけない。

両性の平等を推進するために仕事の役割分担決定に性的差異を介入させないというのは一見よいことにみえるかもしれない。しかし婚姻関係や親子関係を禁止すると、性的差異そのものが意味をうしない、親子関係にもとづいた社会構造自体が排除されてしまう。国家は混成《ミクスト》的親のカップルという制度、つまり家族と絶縁してしまう。生みの親が自分の子供を自分の子と気づく可能性がなくなると、子供も自分の親がだれかわからなくなり、ひいては、父親や母親をつうじて自分が二重の起源、男性と女性という二重の起源をもっていることもわからなくなる。

これはプラトンの非人間的な組織のもつ多様な側面のひとつにすぎないだろう。しかしわれわれにはつぎのような疑問がわきあがってこざるをえない。母親と父親の機能を排除し、子孫との自然なつながりや制度的なつながり（あるいはその両方）を消去してしまったら、一体、性的アイデンティティのなにが残るのだろう。

くじで決められた異性と交接し、子供をつくるが、つくった子供とはいかなる関係ももたない存在というのは、ある意味ではたんなる家畜同然である。彼らはその性器によってオスだったりメスだったりするが、恋人ではなく、夫や妻でもなく、父親・母親でもない。したがって彼らは、われわれが男性とか女性と呼ぶものとは正確な意味ではおなじではない。より一般的に言えば、共同体の組織は性的差異とは無関係なままである。

このようなプラトン的共和国に依然として女性や男性が存在していると言えるかどうか定かではない。そのことを歓迎する人もいるかもしれない。しかし男性と女性のあいだに本当の平等を実現するために、性的差異を生物学的機能にのみ還元するという犠牲をはらうことが本当にいいことなのだろうか。というのも自由が意味をもたないところでは（プラトンの共和国はまさにそうだ）、平等も意味をもたないからである。プラトンは国家の秩序のために個人を犠牲にする。だから個人の欲望や性的アイデンティティが重要性をもたなくなるのだ。

『饗宴』を読んでも『国家』の議論を再確認できる。『饗宴』においても生殖はなによりも政治的問題であり、包括的・権威主義的にあつかわれるべきものなのだが、それは子供をもちたいという個人の欲望はプラトンにとっては価値がないからである。もちろん「卑俗なひとたち」は別である。彼らは肉体的な生殖によって自分の永遠の渇望をてっとりばやく満足させられると信じている。そうした人たちは自分の後に子孫をのこしたいとおもい、「女性の方に顔をむける」かもしれない。しかし永遠にたいする本当の愛につきうごかされた魂は真実の愛、つまり肉体の授精ではなく魂の授精によってしか満足させられない。本当に永遠をもとめる男性は上昇する適性を最大限にもった魂、つまり少年の魂にしかむかわない。そして、師と弟子のあいだの（エロス的ではないにしても）愛情関係は男女のあいだの愛よりもずっと価値があり、望ましい。

この二種類の愛の形の区別を念頭におき、『饗宴』における生殖や女性にたいする明確な侮蔑心を考慮にいれなければ、なぜ『国家』において両性間の関係や子供との関係があれほど完全な無関心さであつかわれているのか理解できない。魂が肉体を、そして肉体が魂を拒絶し、哲学やエロティシズムにおいて一方が他方と分離するところではつねに『饗宴』の反響が聞こえる。

家族を解体することで性的差異を抹消してしまうこうしたプラトンの考え方は、人類学者たちが確認したひとつの事実を対照的にてらしだしてくれる。すなわち、男性と女性はたんに解剖学的あるいは身体的な差異によってのみ定義されるわけではないという事実である。男性・女性というカップルはたんに示差的であるだけではない、それはひとつの投企《プロジェ》――ともに生き、そして死すべき存在に未来をあたえるという投企《プロジェ》への両性の関与を意味するのである。

女性はありうる伴侶のひとりとして、また自分の子供の父親としてひとりの男性とむすばれ、男性はありうるパートナーのひとりとして、また自分の子供の母親としてひとりの女性とむすばれる。男性と女性が性的に差異をもった存在として自己を定義するのは、一緒になってしか誕生させることができないこの第三者とかかわりをもつときである。子供との関係をわすれ、そのうえに婚姻関係や親子関係のような社会的関係をきずきあげることをしないなら、男性と女性のあいだの差異はもはやあまり意味をもたず、人間の性別そのものもたいした重要性をもたなくなる。だから、父性や母性は性的差異の真に決定的な、そしておそらくは唯一無二の試金石なのである。研究室で製造される子供は近代的な個人主義的主体の産物であるが、それはプラトン的集団主義がうみだす孤児とまるで兄弟のように似ている。彼もまた先祖をもたないのである。

わたしは何故、性を中和化するプラトン的ユートピアよりもアリストテレス的な序列化された性の方が男女関係をより歴史にひらかれたものにしているのか、その理由を説明しようとしてきた。ここではさらに家族や国家の問題をこえて、両性の差異の倫理という問題を提起することにしよう。それはこれまで哲学的に論じられることがほとんどなかった、エマニュエル・レヴィナスをのぞいては(79)。

(79)『全体性と無限。外在性試論』マルティヌス・ニジホーフ出版、ハーグ、一九六一年

この哲学者は男性の立場を性別をもたない普遍的主体と同一化することはしない。彼は男性として自分の性《セクシュアリティ》のあり方についてかたることを全面的にうけいれた数すくない人間のひとりなのである。彼は生殖の問題を父性の経験をとおして論じ、それによって自分の考察を明確に男性として展開する。

われわれの問題に関連してレヴィナスの思想のなかで一番大事な点は、彼が生殖をひとつの出来事としてえがいている点である。子供はたんなる技術的にコントロールされた製造工程の産物ではない。たとえそれがプログラム化されていても、そして生殖医療の技術をもちいていても、子供の誕生はどんな場合でもたんなる主観的な投企《プロジェ》を超越している。

父親（あるいは母親）になるということは、たんに子供をもつことを欲したり、それを意図したということではない。それはひとつの出来事をうけいれることである。子供の誕生は、自由意志がなすすべての決定を超越するものであるという意味で「出来事」なのである。

子供をつくるということは、わたしを超越し、わたしを他者へとひらく出来事である。わたしにむかってやってくるあの生命は一つの他者である。(それはわたしともうひとりの人から出現したのだが、この生命とともにひとつの自由な存在が絶対的に開始される。)だからそれは他者にかんする特権的な経験なのである。

この経験が意味していることはこうだ。すなわち、生殖はたんなる人類学的な問題ではなく、きわめて重要な哲学的課題である。なぜなら、そこで他者の超越性があきらかになるからである。問題はしたがって、たんに男性と女性はおたがいなしには存在できないというだけではない。(とはいえその事実自体ももっともつよい意味で理解されるべきである。)大事なことは男性と女性が、自分たちをこえたあるものについて、共同で責任をおっているという事実を自覚することである。

あきらかに、男性と女性が相互に依存しあっているのは彼らをのりこえるもの、すなわち彼らの子孫のためである。が、男性と女性が葛藤をおこすのもそのためである。

政治

戦争か政治か

一九世紀初頭のクラウゼヴィッツによる戦争の定義はしばしば引用される。「戦争とは別の手段による政治の継続である[80]。」一方、ミシェル・フーコーはこれをひっくりかえして、政治権力とは「兵器や戦闘以外の手段で継続される戦争[81]」であるという仮説を述べている。したがって、プロシアの将軍（クラウゼヴィッツ）とともに性の政治学はつねに戦争に変身する危険性があるとかんがえてもよいし、逆にフーコーにならって性の政治学は別の手段で継続される「性の戦争」に他ならないとかんがえることもできる。

(80) 『戦争論』（D・ナヴィル翻訳、P・ナヴィル序文）、ミニュイ、パリ、一九五五年

(81) 『社会を防衛しなければならない、コレージュ・ド・フランス講義（一九七六年）』、スイユ・ガリマール、パリ、一九九七年

が、わたしはこのふたつの仮説のどちらにもくみしない。というのも男性と女性の関係には対称性が存在しないからである。あたりまえすぎることだが、戦争は男性の手段であって、女性の手段ではない。したがって「性の戦争」は存在しない。

男性は戦争を発明したが、女性は政治を発明した――こんな風にかんがえてみるのもおもしろい。もちろんこれはあくまでも想像上の話だが、太古の昔のある日、女性が男性にたいして、城を占領するように力ずくで女性をうばうのではなく、女性を誘惑するよう説得する。女性は戦うことができないし、暴力がすきではないから戦いを欲することもないので、異性との関係において説得し言葉によって支配する技術を発達させた――こんな想像をわたしはおもいめぐらせる。それに女性が暴力を行使するとしたら、それはたいていの場合、言葉をつかってである。女性は罵倒し、あざけり、揶揄し、侮辱するための言葉をたくみにあやつる。

戦争ができないから、女性は相手と同盟関係をむすび、そのなかで各人が自分の立場をまもろうとする。それが可能なのは両者のあいだに共通の利害があるからだが、しかしその同盟関係は決して完全に安定したものではありえない。男性は女性や他の男性を支配するために力を行使するが、女性はそれに対抗するために自分自身の武器で戦わなければならない。そもそも男性はたがいに政治的な関係を樹立することがすくないほど純粋な暴力をもちいることがおおく、また女性との関係のあり方も交渉で決めることがすくなくなる。逆に、両性のあいだの平等を実現した文明ほど、個人を尊重する。

もちろん女性にたいして戦争がしかけられることがまったくないわけではないが、その場合でも男性の側が女性にたいして一方的に暴力を行使するだけである。旧ユーゴスラヴィアやアルジェリアで最近おこなわれ、あるいはいまなおつづく野蛮な戦争はそのなかにひとつの残虐な戦闘をふくんでいる。つまり女性や少女が暴行され、集団的暴力がつくりだしたものを自分の胎内にやどすよう強いられる。女性や少女がとじこめられ、公的な生活からきりはなされ、そして抑圧を拒否した場合には喉をかききられさえする。原理主義のテロリズムは女性にたいして戦いをいどむ。それはたんに敵の陣営に属する女性、あるいは敵の妻たちを殺すためだけではなく、抑圧に抵抗する女性を虐殺し、恫喝するためである。旧ユーゴスラヴィアで、とりわけセルビア人がおこなった「民族浄化」のための戦争で暴行がシステマティックにおこなわれた。これはこの戦争の人種対立的性格とこの政治空間における女性の地位の両方を同時にあきらかにするものである。

女性は暴行のような特有な暴力の対象になりやすい。それは女性が自分の家族だけではなく敵からも、男性の所有物とかんがえられているからである。女性を片っ端から暴行してまわるセルビア兵集団の蛮行に呼応する形で、一部のボスニア人犠牲者の家族が野蛮な行為をおこなう。「父親や夫のなかには暴行の事実を知らされると自分の娘や妻を殺そうとするものもいる(82)。」こうした信じがたい反応はこの戦争における暴行の意味をあきらかにしてくれる。つまり女性が暴行されるのはたんに敵の陣営に属しているからだけではなく、女性が女性だから、つまり敵の所有物であるからである。兵士たちは女性を汚すことによって男性たちに屈辱感をあたえたいとかんがえる。殺し屋と犠牲者を混同してはならないとはいうものの、どちらの側でも男性は女性にたいしておなじ関係をもっている。つまり女性とは所有された財産であり、汚されればそれはもはや恥辱のシンボルでしかない。敵が女性を妊娠させ、「自分の血」をわけた子供をむりやりはらませるとき、女性は民族浄化の手段となる。女性をとおして敵の「血統」を抹殺し、自分の血統をふやそうとするのだ。ここには昔からある幻想がくりかえされていて、あたかも「血統」の連続性は男性の親によってだけ保証されるとかんがえているかのようにひとびとはふるまっている。したがってこのような女性にたいする暴力は男性相互のあいだの戦争と不可分である。それは戦争で突発的に噴出するものよりももっと継続的で、もっとふかい女性抑圧の存在をあきらかにする。もちろん女性への抑圧が戦争の最終目的というわけではかならずしもないが……。

(82) ヴェロニク・ナウム＝グラップ「戦争と性的差異」(セシル・ドーファン、アルレット・ファルジュ編『暴力と女性』アルバン・ミシェル、パリ、一九九七年、一七二ページ)

先にも述べたとおり戦争の暴力には男女間の対称性が欠如しているから、ここで「性の戦争」という表現をつかうことはできない。女性は抑圧への抵抗者だったり、自分や国民の自由のために戦うことはありえるが、兵士にはなりえない。また女性が異性たる男性を奴隷にしようとしたこともない。女性が暴力を行使するのはつねに反抗者、抵抗者、革命家、そして時にはテロリストとしてである。つまり女性の暴力は一般的には他の暴力に対抗するために行使される。そうした状況以外での暴力にかんしては、犯罪学者が興味深い指摘をしている。つまり女性(しばしば自分の妻)を殺す男性は、相手を愛している場合もふくめ、他者を自分の所有物にするための暴力的な行為を徹底した結果、殺人をおこなうが、男性を殺す女性はたいていの場合、自分を解放しようとした結果そうする。女性は自分を抑圧し、自分に暴力をふるい、自分をとじこめ、あるいはたんに息がつまるようなおもいをさせるものにたいして反抗する。このふたつの論理はあくまでも理論的モデルであり、殺人の実際の動機が正当かどうかという個別的な判断とは別であるが、しかし男性と女性の暴力の非対称性についてかんがえるための参考にはなるであろう。

最終的には、よく言われるように、女性にたいする暴力は社会の全般的な残酷さのひとつのあらわれにすぎない。ただこの指摘は女性にたいする暴力が月並みなものであるという印象をあたえる恐れはあるが。ともあれ、戦争において法が一時的に無効になり処罰されなくなるために、人間に潜在する残酷さや集団的サディズムが解放され、そのために性的な暴力、つまり女性への暴行がおこることがおおい。もちろん、ときには男性にたいする去勢が大々的におこなわれる場合もある。死を賭した戦いというものははげしい残酷な感情を惹起し、いろんな形で暴行や去勢を誘発する。しかし女性のみならず男性もこうした野蛮な情念の犠牲者になる可能性があるとしても、それをおこなうのはつねに男性である。戦争は両性関係もふくめ、すべての人間的な「文明化された」関係を破壊し、それを侮辱と破壊に還元してしまう。子供や老人を尊重し、保護しなければならないという感情も戦争の狂気のためにおなじように消えてしまうことがある。だから戦時中の性的暴力が両性間の一般的な関係の本当の姿だとかんがえてはならない。それは潜在的な抑圧関係とか、またより一般的に男性のサディズムの兆候で、それがある種の条件のもとで外に姿をあらわしているだけなのである。

しかし平和時においても、女性が被害者となる犯罪は特有な性格をもっている。だから、性的差異の消滅にかんしていろいろ語られているけれども、そうした妄言にたいして痛烈な反論をくわえることができる。この点については男性と女性の差異という角度からなされた犯罪学者の研究や分析を参照する必要がある(83)。

(83) セシル・ドーファンの論文「弱くそして力強いひとびと――一九世紀社会における女性」(『暴力と女性』前掲書、八八～一〇三ページ)の注にしめされた文献表を参照。網羅的文献表ではないが、貴重である。

たしかに暴力は男性と女性の関係の鍵ではないが、両者の差異をかんがえるためにはきわめて重要である。ふたつの性について考察しようとすれば両者には行動と力の点で差異があるという事実を無視できない。子供の行動を観察するだけでも、女の子は一般的に男の子より乱暴ではなく、攻撃性もすくないし、力もよわいことは簡単にわかる。これは女性一般にかんしても明白なことだ。だから、いくらかの例外はあるものの、一般論で言うと、男性が女性に脅威をかんじることはない。そのために通常は男性は女性にたいしてその攻撃性を発揮することを抑制する傾向があるが、同時に自分の性的衝動を満足させたり、あるいはたんに異性を従属させるために肉体的優越性を利用する可能性もある。おそらく最初、女性が男性より臆病になったのはこうした違いのためだろうし、また女性が男性にたいして恐怖と信頼がまじりあったあいまいな関係をもつのもそのためであろう。男性は自分に脅威をあたえるかも知れないが、同時に保護してくれる存在かも知れないからである。女性の相対的なよわさは、子供を妊娠しているときにはさらに増大する。とはいえその期間はかなりみじかいし、そもそも女性のよわさ自体、近代においてはその影響はますます減少している。しかしその事実自体は無視したり、軽視したりしてはならない。

ジェンダーについて、それが完全に自然に依拠しているとかんがえる立場と、本質的に文化によって説明できるとする立場があるが、両性間の関係がひろい意味で政治的であるという考え方から出発するとこのジェンダー概念の対立をのりこえる可能性がみえてくる。文化主義的な考え方にたてば、伝統や制度が変化し、女性が解放され、あたらしいステイタスを獲得する可能性がみえてくるという利点がある。しかし女性のあたらしいステイタスといってもそれはどんなステイタスなのだろう。それは全面的に構築されるものだろうか。そうだとしたらなにを出発点にして構築されるのだろうか。それともジェンダーは完全に消滅することになるのだろうか。ジェンダーが文化的に構築されたという考え方はこれまでしばしば極端にまでおしすすめられ、女性であることが階級への帰属とおなじものだとかんがえられたり、女性のアイデンティティがたんなる支配関係の結果にすぎないとみなされたりした。たしかに性的差異が社会によってつくりあげられたという側面はあり、したがってジェンダーはつねに人為的な性格をもっている。しかしその人為は自然的な要素によりかかって成立している。それに女性もまた自分のあり方や自分がこうありたいとねがう気持をとおして、女性であるという事実にみずからさまざまな形と要素をあたえ、それによって女性性の設計に寄与してきたのである。

男性と女性の関係が程度の差はあれつねに政治的であったとかんがえることは、両性が共同で男女間の関係の歴史を書いてきたとみとめることに他ならない。つまり、両性はそれぞれ利用可能な手段を利用しながら、目的を実現し自分の利益を擁護するよう努力してきた。何世紀ものあいだ、女性はひたすら男性の受け身な犠牲者であることを甘受してきただけだというなら、ただただ臆病なだけの存在だったということになる。女性は最近になってはじめていくつかの自由を獲得し、いくつかの権利を要求するようになったのだが、それは以前には自由獲得の手段がなかったからであり、そしてそもそも近代的な意味での自由などだれにも存在しなかったからである。過去においては、女性の利害は女性が帰属する社会秩序や階級に密接に依存していた。どんなカテゴリーに属する人間にとっても絶対的・超時間的な自由など存在しなかったのである。状況が変化するとともに、ただ手段だけではなく、設定可能な目標も変化した。戦略というのはすべからく状況に依存しており、包括的な歴史的状況のなかで選択されるものなのだ。

　女性としてわれわれが今日これこれの自由、これこれのステイタスを獲得するために戦っているからといって、女性が太古の昔からそうした自由、そうしたステイタスを獲得する権利をもっていたということを意味しない。もしそうだとすると、自由の形式は自然の形式同様あらかじめ決定されているということになるが、それは矛盾である。実際、自由について単一で決定的な形が存在するわけではない。ただ各人にとって自分が望んだり望まなかったりするものを意識するさまざまな方法があるにすぎない。サルトルは自由を発明という言葉で表現したが、それはただしい。ただ、なにものも無から発明することはできない。自由はある特定の状況から出発して発明されるほかない。その状況には非常におおくの要素がふくまれ、そのなかには自然的要素や歴史的要素もはいってくる。つまり「自由」とはそれ自身、近代的な観念であり、つねに変貌するのである。

両性間の政治的関係について語るということ、それは両性の関係が開放されていること、つねに変化する可能性があること、さまざまな戦略が交錯する場であることを意味している。そこには絶対的な基準も究極の真理も存在しない。各人が自分の戦略をもってこのゲームに参加する。そこから外に出て、男性と女性の関係についての真実の本当の姿をあきらかにするなどということはできない。性に中性が存在しないのとおなじように、性の政治学において中立的な立場は存在しない。そもそも性の政治学のみならず、政治学一般がとざされた力場のなかにわれわれのひとりひとりを位置づけるものではないだろうか。そしてこの閉鎖された力場において設定可能な目的や実行可能な行為が無限に存在するわけではない。閉鎖ということの現象は絶対的な観点をすべて排除する。

どれだけそれに意識的でありうるかはひとさまざまだが、だれでも自分の政治学を実行する場合、ある包括的な状況から出発するしかない。自分が性別をもっているという事実はそうした状況のひとつの要素である。つまり性の政治学は男性であるか女性であるか各人が自然にもっている差異を意識するという基本的心理学から出発するのである。その差異は歴史的変遷によっても解消されることはない。またわれわれは異性との関係においてこの事実を考慮にいれないわけにはいかない。両性のもつ同一性にのみ依拠して、平等な権利を要求することしかしない絶対平等主義はナイーヴな考え方である。それよりは公正さという概念の方がよりただしい。というのもそれは個人間の差異とおなじように両性間の差異を考慮にいれるからである。たとえば子供と成人と老人を等しなみにあつかうことはできないのである。

いずれにせよ、男性と女性はアプリオリに敵なのではない。そうではない。いつでもどこでも、男性と女性は結合する。その結合の形式はこれまで女性にとってきわめて抑圧的であったかもしれない。しかしそれでも女性は男性と決裂することによってそこから自分を解放しようとはしなかったのである。

もっとつきつめて言えばこうなる。両性の関係の独自性はおそらく両者のあいだで戦争が不可能であるという事実そのものにある。自分の性向を満足させるためにあまりにもつよくたがいに依存しあっているから、両者は連合をくまざるをえない。男性・女性が政治学を実践せざるをえないのは戦争が不可能だからである。戦争と政治のあいだには程度の差というものがなく、一方の状態からすこしずつもう一方の状態に変化していくわけではない。そこにあるのは二者択一だけである。すなわち、戦争か、それとも政治か。両性の相互依存は戦争の論理とは両立しない。というのも戦争は敵を殲滅する欲求につながるからである。今日にいたるまで、一方の性がもう一方の性を消滅させたいと願ったことは一度もない。

現在までのところ男性女性の関係において不平等が原理として支配的であった。しかしそれはこれまで女性が自分のステイタスを交渉しようとしたことがいっさいなかったという意味ではない。また男性にしても、女や子供を所有したいとおもえば、できるかぎり女性の同意をえる必要があった。両性の関係には必要性と連帯と利害の相違がいりまじっている。男女間の自然であると同時に必然的であり慣習的でもある関係を維持するためには、両者は交渉しなければならない。そしてこの交渉しなければならないという事実、それが両性の関係に政治的側面を付与しているのだ。

フランスにおける性的解放と旧弊さ

わたしが性の政治学というテーマをどうしてもあつかわなければならないとおもったのは、現代フェミニズムがおかれた状況を理解しようとしていたちょうどその頃、つまり一九九六年春に、政治における女性の位置、つまり政治生活における男性と女性の関係という問題が議論になり、それにスポットライトがあてられたからである。

この問題にかんしてはフランスにはきわめて近代的な考え方と非常に旧弊な考え方がいりまじっている。そもそもそんなものがありうるとはおもえないのだが、他の国はいざ知らず、フランスでは性の戦争は絶対におこらないだろう。それは、フランスではひとびとが友情とか愛情、誘惑、さらには自由恋愛をあまりにもつよくこのんでいるからである。他の国以上にフランスでは、男性と女性はつねにたがいを理解しようとし、相手に気にいられようとしてきた。また自分たちには欠けている特性を相手から借りてくることを恥とはかんがえなかった。優雅さを欠いた男性や性格的な強さをもたない女性はわれわれには退屈にかんじられる。

それに、よく知られているように、フランスは性的潔癖症をこのまない。男女間の関係はフランスではいつもおおきな位置を占めていたし、性的交渉自体もかなり自由である。比喩的に言うと、われわれは性生活や恋愛関係に政教分離原則を適用している。つまり、宗教同様、性にかかわる事柄は厳密に私的領域に属しているとかんがえられている。あるいはコンドルセをもじってこう言ってもよいだろう、フランスにおいて性の問題は「各人の良心」にゆだねられている、と。暴力や未成年（と夫婦間の義務規定）にかかわる問題をのぞき、法はひとびとの性生活に関与せず、そうした側面のプライバシーは法的に保護されている。世論自体もどんな分野であれ公的人間の能力・適性にかんする判断と私生活とりわけ性生活の選択についての感想とを他の国よりは容易にわけてかんがえることができる。私生活に関心がないというわけではない。しかし判明してしまった事実や当事者によって公表された事柄についておもしろがることはあっても、私生活をジャーナリズムが調査したり、私的な問題で公人の信用を失墜させようとすることは恥ずべき行為だと判断する。フランスでは個人がその素行のためにキャリアを台無しにするなど想像もできない。（他の国では不倫とか同性愛でそうしたことがおこっている。）わたしは少々、理想化しすぎているかも知れないが、この点については秘密を尊重するということにコンセンサスがある。とはいえ、女性は男性ほどはその恩恵にあずかっていないことは事実ではある。しかし女性も、大昔から、まずは貴族社会で、それから他の階級において、性的自由を要求してきた。この点でアングロ・サクソンの国々との違いはおおきい。今日でも、ＰＣ（ポリティカル・コレクトネスの意味）に近いイギリスのある女性政治学者が、フランス人が「誘惑」について語ることをこのむのに、「デート・レイプ(84)」という概念を拒否していることに驚きの念を表明している。この政治学者は、誘惑は暴行への第一歩であるとでもかんがえているのだろうか……。デート・レイプをどう訳せばよいのだろう。あえて言えば、恋人による暴行、デートした相手による暴行ということになろうか。

(84) クレール・デュシェン「フランスのフェミニズムと英米のフェミニズム――それぞれの特殊性と現代の論争」(『女性の位置』前掲書、三五五ページ)。クレール・デュシェンはこの本でリサ・アピナネシー「自由、平等、博愛――ポリティカル・コレクトネスとフランス」(S・デュナン『言葉の戦争――ポリティカル・コレクトネス論争』ヴィラーゴ、ロンドン、一九九四年)によって提起された問題を論じなおしている。

しかしわれわれにはむしろ、誘惑と暴行に関連性があるとかんがえることの方が理解できない。誘惑とは他の人間に欲望をおこさせることだから、暴行とは正反対のものであり、誘惑に成功すれば暴行に訴えかける必要はない。暴行とは力づくで相手に性的関係を強要することである。だから、相手はそれにまったく同意しておらず、したがってあきらかに誘惑されていない。つまり誘惑と暴行はたがいに矛盾する。だからデートを利用した暴行というのはたんなる暴行であり、いかなる弁解も許されない。もちろん、いくつかのケースでは、犠牲者は、誘惑される気がまったくなかったのならふたりっきりになるという危険な状況を回避すべきであったと言うことはできる。この点を強調したからといって、犠牲者が「挑発した」と批判したり、犠牲者に暴行という犯罪の責任があると言いたいのではない。ただ状況の非対称性〔=男女の肉体的力の差〕を指摘したいだけである。

その点を無視するのはナイーヴすぎるし、また危険なことでもある。政治学はそこからはじまる。男性の欲望が、あるときには、激烈に、さらには暴力的にさえなるということはごくごく基本的な知識であり、われわれの祖母たちでさえそれは知っていた。男性と女性の性的ふるまいに違いがあるという認識は、私的な関係において性の政治学の基礎となる要素のひとつである。誘惑するか、誘惑することを避けるかという問題はそうした性の政治学の一環なのである。しかし平等と類似性を混同すると、すべての差異を否定できるとかんがえてしまい、男性が女性のように、女性が男性のように行動するようにしむけることができると信じてしまう。そのためにいろいろとがっかりしてしまうような場面にであってしまうことになる。

さきほど言及したイギリスの女性政治学者がフランスの女性にたいして提起した疑問にはもうひとつの要素がふくまれている。つまり誘惑そのものにたいする批判である。それはおそらく、誘惑という概念それ自体が絶対的な自己支配の喪失や一種の自己放棄という観念を内包しているとかんがえられているからであろう。そしてこの自己放棄という要素は自立性の理想――一般的に解放のイデオロギー、とりわけ女性解放のイデオロギーはそれを原動力としている――に反するようにおもえてしまう。愛のために感情的・肉体的に相手に自分の身をゆだねるという行為のなかにひとびとはすぐさまふるくからの女性の受動性のあらわれをみてしまう。しかし実際には、女性であれ男性であれ、誘惑された人間は自分自身の欲望を自分で決定する力をある程度まで喪失し、自分の自立性をうしなってしまっている。こうした喪失は愛の一部をなしているのである。スタンダールや聖アウグスチヌス風に言うならば、人は恋に恋するとき、自分の絶対的自立性の放棄をうけいれ、それが疎外であるとか自由の断念であるとかかんじることがない。それだけではない。たとえそれが自由の放棄であるとしても、われわれは誘惑され、誘惑する自由の方をもちつづけたいとこたえるだろう。われわれフランス人の特殊性をかんがえてみればそうした断言をしてもさしつかえない。

フランス人女性にかんする以上の考察は一見そうみえる以上に重要な問題なのだが、その結論としてこう言おう。フランスでは性的差異についてマニ教的な見方をしない。またモナ・オズーフがただしく指摘しているように「男性は集団的に有罪で、女性は集団的に犠牲者である(85)」という類の主張はしない。

(85) モナ・オズーフ『女性の言葉――フランス的特殊性と国家の精神についての試論』ファイヤール、パリ、一九九五年、一一ページ

しかしこんなふうに「フランス的特殊性」を考慮にいれるとしても、わたしはモナ・オズーフとは違って抽象的普遍主義に満足することはしない。抽象的普遍主義は啓蒙哲学とジャコバン主義からうまれたもので、「フランス的精神」を特徴づけ、われわれにとって民主主義の魂を定義しているとされている。もちろんわたしは「各人が等しい価値をもっている」という原則を否定するわけではないし、またフランスの女性が自分をまず「自由で平等な個人(86)」とみなすという賞賛すべき傾向をもっていることに異議をとなえたいわけでもない。しかしわたしはこうした自己規定だけで、過去においてもまた現在においても、女性が希求する自由を享受するに十分であるとはおもえ

ないのである。

（86）　同前、三八三ページ

ジョルジュ・サンド流に「男性と女性はおなじだ」と主張することにショックをかんじるというわけではかならずしもない。しかし女性だけがそうかんがえ、そう言うというのでは困る。モナ・オズーフはフランスの女性についてつぎのように論じる。「こうした確信のもとで女性たちは性的差異を怨念なしに生き、幸福な心とアイロニーの精神をもってそれをはぐくみ、差異が本質化されることを拒否できる(87)。」こうした立場は魅力的である。それはこの歴史家自身の立場を表明しているに違いない。彼女は原則において過激であり、表現方法においては優雅であることをつねに心がけてきた女性であった。

（87）　同前

しかし残念ながら、こんなふうに差異をひかえめにしか主張せず、普遍的な権利の平等と平和な差異の文化とを幸福な形で結合させようとしても、そうした努力は男性共同体の規則を永続させる慣習と行為によって台無しにされてしまっている、とりわけ政治生活において。

私生活における両性の関係がおおくの場合、魅力と自由にあふれているようにみえるのとは裏腹に、フランス人男性は他の領域においては伝統主義的保守主義者である。一方でわれわれはフランス特有の風俗の自由を謳歌するが、他方で本当に旧弊な現実につきあたっているのである。

平等主義的信念をもち、自分たちの権利を行使しようとして政治生活に参加していくフランス人女性の大部分は、そこで女性にたいする偏見のはげしさを発見する。女性たちはその性別のために下品な対応さえうける。女性が伝統的役割からはみでて自分たちの地位や身分を問題にしはじめると、ふるくからのフランス的女性尊重はその限界をすぐに露呈する。個人として自由に行動することができると信じていた女性たちは女性として行く手をさえぎられ、嘲弄され、ときには侮辱される。「女性は選挙戦で毎日、卑猥な言葉をあびせかけられる(88)」とエリザベット・ギグーは書いている。女性たちが経験し、いまあえて公表しようとしている数おおくのつらいエピソードはたんなる偶発的な事件ではない。それはひとつのかくされた根強い精神状態をあらわしているのであり、性とは無関係な「個人の価値の等しさ」を全員にみとめさせることがいかに困難であるかをあきらかにしているのである。

(88)『政界で女性であること』プロン、パリ、一九九七年、一〇二ページ

性的差異を「本質化」するなどということが女性政治家の主要な関心になるわけはないから、彼女たちは通常ならばそうした発想とは無縁なはずだが、それでもやはり女性政治家たちは村の集会や国民議会で女性として(89)うける揶揄に自問せざるをえない。女性運動員や女性議員候補は政治集会より台所にいるべきだというほのめかしや、女性政治家を「売春婦」と同一視するよくある侮辱の言葉は、階層をとわずひとびとのメンタリティーが個人の平等について本当の意味で明確な意識をもっていないことを嫌と言うほどおもいしらせてくれる。共和主義者たちが大事にするフラン

ス的精神、普遍主義にひたされ、性的差異に無関心なフランス的精神は理論的には魅力的ではある。しかし実践的にはいまだフランス人全員がそれを共有しているというにはほどとおい……。

(89) セゴレーヌ・ロワイヤル『ある女性の真実』（ストック、パリ、一九九六年）の証言を参照

しかし政治における女性の活動をブロックするのは卑猥な攻撃的言動だけではない。もっと重要な問題がある。すなわち議員に立候補しようとする女性はおおきな困難にであうことになるのである。その原因のひとつは生活条件（とくに子供がいる場合には深刻である）、そして第二は政党のつよい反発である。政党は、――とくに保守政党がそうであることは秘密でもなんでもない――公的活動を「力強い性」（男性）の占有物とみなしつづけている。

おそらくこうしたことがフランスの旧弊さの原因となっているのだ。フランスで女性が参政権をえたのはやっと一九四四年のことだったし(90)、現在でも国民議会における女性の割合は驚くほどひくい(91)。こうした事実はわれわれ女性市民にとって、そしてより一般的にフランス社会全体にとって問題である。

(90) アメリカの女性が参政権を獲得したのは一九一四年（ワイオミング州では一八六九年である！）、ドイツでは一九一九年、イギリスでは一九二八年である……。

(91) この比率は一九九七年の国民議会選挙ではわずかながら増加した。

フランスの旧弊さのために実質的な平等へとむかううごきがおおきく阻害されている。だからい

ま、フランスの女性たちは権利の平等に依拠するだけで満足できなくなった。彼女たちはこの原則的な平等が女性蔑視的伝統と事実上の不平等を維持するための最良の隠れ蓑になっているとかんがえる。そのために女性として権力を男性と実質的に共有することを要求する女性たちがふえたのだ。だから女性の地位にかんする議論が政治の世界で再開され（もちろんそれはこの領域だけですむ問題ではない）、わが国の女性議員・元議員が「男女同数制《パリテ》のための一〇人宣言(92)」を一九九六年六月に発表したのは偶然ではない。その一ヶ月前にはローマ憲章(93)が採択され、「社会のあらゆる領域において権力や影響力をもつ地位や意志決定機関への女性と男性の平等な参加」を促進することを宣言した。それはヨーロッパ各国の女性大臣によって調印された。こうしたイニシアチブは女性の政治学におけるあたらしい一歩を画するものと評価することができる。

(92)「男女同数制《パリテ》のための一〇人宣言」は一九九六年六月六日、《エクスプレス》誌で発表された。

(93) 一九九六年五月一八日、ヨーロッパ首脳会議の際に採択された「女性は政治と社会を刷新する」という憲章

ヨーロッパの女性たちは、もちろん自分たちの政治活動に他の課題もあることは否定しないが、男女同数制《パリテ》の理想をかかげ、意志決定機関での女性と男性のあいだの平等を実現するよう呼びかける。つまり女性たちは完全に独創的な形で民主主義の危機を批判する。状況自体はあたらしいものではない。というのも女性たちはこれまでずっと共和国において真の意味で権力にアクセスすることはできなかったからだ。それにたいしてあたらしいこと、それは政治機関における女性の過小代表がいま、容認しがたいスキャンダルとかんじられるようになり、世論自体がそれを民主主義の危

機とかんじるようになったということである。

だからこの判断の妥当性を吟味し、この危機を解決するために調整が必要なのかどうか、さらにはもっとふかく、代表制そのものについて考察しなおし、平等と民主主義についてあたらしい概念を構築する必要があるのかどうか、こうした点を検討しなければならない。

平　等

性的差異は普遍的だが、人間関係を実践的に組織していくなかでそれをどうあつかうべきかという点についてはなにも語ってくれない。いかなる特有な制度も、いかなる差別も、いかなる領域（経済・社会・政治・宗教その他）におけるいかなる階層秩序もそこから直接にひきだされることはない。解剖学的・身体的差異というハードな基盤は快楽の追求や親としてどんな行為をすべきかは教えてくれるだろう。しかしせいぜいそれだけで、社会的・法的・制度的秩序にかんしてはいかなる規定もそこからひきだすことはできない。

しかしすくなくとも両性は自然的には平等であるとは言えるのではないだろうか。おそらくそうだろう。しかしそのためには「自然的に」という言葉がどういうことを意味しているかを明確にし、そして平等という観念が政治的性格をもっていることを強調しなければならないだろう。この点を論じていけば、平等原理の政治的価値が古典的な真理という観念に依拠しているのではないことをしめすことができるだろう。またわたしは平等と均一性とを混同してはならないという点も強調しておきたい。男性と女性が平等だということは両者が同一であることを意味しない。平等原理は差異の承認を排除しないのである。

平等原理は経験や合理的推論からみちびかれる普遍的真理とは無関係であり、またそれについて真偽を論証することができないからそれは知にも属さないことをまず確認しよう。こんなふうに平等原理が真理とは無関係だと宣言することはわれわれを不安にさせるが、正義が自然から当然のようにひきだされるものではなく、制度がうみだすものである以上、それは不可避的である。ハンナ・アーレントは人間一般の平等についておなじことを言っている。つまりそれは自明ではないし、論証も可能ではない(94)。一七八九年の人権宣言は「人間は自由で権利において平等なものとしてうまれる」と矛盾した表現をもちいているが、権利の平等は制度から発するのであり、自然からではない。実際、人権宣言の表現には矛盾がある。というのも「うまれる」という言葉は自然状態や、さらには生得状態を示唆しているようにみえるが、権利の平等は制度によって樹立されたものでしかありえないからである。この文言の矛盾はこれをつぎのように理解すればなくなる。すなわち、憲法制定権者によって人権が荘厳に宣言・承認され、権利の平等が異議申し立て不可能な原理となった後になってはじめて、人間はあたらしい法的秩序のなかで自由で平等な存在としてうまれることになる。つまり権利の平等は自然から直接あたえられるものではない。あえて言えば、宣言という行為がおこなわれることによって――しかもこの宣言は人類全体に適用する意図をもっておこなわれた――はじめて権利の平等は「自然」となり、普遍的となる。平等な権利をもって「うまれる」

という事実は平等な自然状態が存在することを意味するのではない。それはただ旧体制《アンシャン・レジーム》の法秩序に対立するだけである。旧体制《アンシャン・レジーム》において「うまれ」は各人の社会的身分を意味し、家系に依存していた。そのとき、人間はことなった権利をもってうまれてきた。平等が自然にその源泉をもっているようにみえるのは、平等という原理が既存の不当な秩序を破壊したからである。つまり平等原理は別の秩序をうちたてたのである。こうして樹立されたあたらしい秩序は以前のものより自然な訳ではないが、よりただしいものであった。

(94)「すべての人間が平等に創造されたということはそれ自体では自明ではないし、論証も可能ではない。」(「真理と政治」、『文化の危機』ガリマール、《イデー叢書》、パリ、一九七二年、三二四ページ)

したがって平等が制度化されるのは明証的真理あるいは論証可能な真理の必然的帰結なのではなく、政治的決定の結果である。平等原理は道徳的あるいは法的観点から提唱されたものであり、事実の認識というよりは価値の承認にかかわっている。人間は平等に尊厳をもつという表現の意味は、あらゆる差異にもかかわらず人間の尊厳は万人において等しく尊重されなければならないということである。万人が権利において平等でなければならないと規定されたとき、万人が法にたいして同一の関係をもつという原理が定立されたのである。それは万人が同一であるという主張とは無関係である。この点で、平等は類似性や差異といった概念とは直接には関係がない。平等が原理として客観的な価値をもつためには、正当な「憲法制定権をもつ」機関によって承認されなければならないのである。

両性の平等(あるいは特定の時期に男性や女性にあたえられるステイタス)についてもおなじことが言える。それは性の政治学の歴史のなかのある局面において採用されている道徳的・政治的原理である。しかし社会を支配する原理のただしさを決定するのはだれだろうか。

われわれのような近代的民主主義体制においては、価値が承認され、原理が定立されるのは世論と民主主義にもとづく政治的意志表明によってである。つまりそれは政治の舞台でおこなわれる。もはやかつてのように絶対的あるいは超越的力(神や自然)が意志を表明することによって社会の原理が確定されるのではない。多数意志の表明や「現場」での力関係から生じる妥協の結果としてそれが形成されていくのである。スポーツの試合のように、勝利をおさめるのはそこにいるチームのどれかであり、それ以外ではない。どんなに優れた理想のチームであってもそこにいないかぎり勝利することはない。つまり政治勢力は自分の戦略を正当化する理論を構築しなければならないということであり、また逆に政治的見解はどれほどただしくみえても、それをかかげ、実現する政治勢力をみつけるか結集しなければならないということである。今日、民主主義的な政治勢力やそれがかかげる原理のおかげで、社会における男性と女性の位置も変化しつつある。

女性が自分たちのおかれた状況を変革し、そのために行動しなければならないと意識しはじめた当初から、女性解放運動のなかで考え方の違いがあらわれた。たとえば一九世紀には二種類の戦略が対立した。その一方は民法上の権利の獲得を重視し、他方は市民権獲得を最優先課題とした。ユベルチーヌ・オークレールは後者のために運動した。彼女は参政権獲得こそがすべての鍵だとかんがえていた。どんな政治的闘争でもそうだが、フェミニスト運動も当然のように分裂した。目標を設定し、戦略を選択しなければならなかったからである。今日、女性たちはどんな目標を設定すべきなのだろうか。平等だけを要求すべきなのだろうか。平等原理に依拠することはいくつかの疑問をもたらしはしないだろうか。

平等を要求するときに、差異のなかでの平等という原理を主張するかわりに、人間としての共通性・同一性を根拠とすることがよくある。まるで人間の同一性・類似性が権利の平等の基礎になるとかんがえているかのように。

人種差別主義を批判するときにもおなじような議論がもちいられる。つまり平等の基礎として同一性に訴えかけるのだ。しかし経験的に自明な事実をみとめる方がよい。人間はかならずしもたがいに似ていないし、男性と女性ならなおさらだ。人類は多様であり、一様ではない。だからこの多様性につきものの葛藤を理解し、調整するよう努力した方がよい。いま、多様性といったが、それは一九世紀にかんがえられたような人種的多様性のことではない。というのもあるグループに部分的に共通した特徴というものも決して安定的ではないからだ。さまざまな人間集団がまざりあい、遺伝自体もいろんな偶然に影響されるから、完全に同一なふたりの人間というのは存在しない。個人の本質とはその一回性である。とはいえ共通の特徴をもっていたり獲得した集団は存在するし、またそうした集団が他の集団と共存することは容易ではない。個人であれ集団であれ、人はひっきょう他者にとっては他者でしかないからである。

「人間にかんするものでわたしと無関係なものはない(95)」という名文句が表現する「普遍主義的」

ユマニズムの見解に価値をおく人はおおいが、それはまちがいだ。寛容さにひらかれた態度をとりたいとおもうなら、むしろそれとは逆の原理に基礎をもとめるべきである。すなわち他人はわれわれとしばしば、そしてふかくことなっているということをみとめることである。他人がわれわれとしばしばことなっていることをみとめ、それにもかかわらず他人を尊重し、平和に共存しなければならない――こうかんがえることによってわれわれは性差別主義や人種差別主義によりよく対抗することができる。他者との共生は自然な調和が存在するという前提のうえに成立するのではない、妥協の可能性のうえに基礎づけられるのだ。

(95) 古代ローマ詩人テレンティウスから借りた表現

要するに差異の反対語は平等ではなく同一性なのである。ふたつのものは同一であるか、違うかである。というか、あるものは別のものとある観点から同一であるが、別の観点、別の側面からは差異がある。だから男性と女性もある特徴にかんしてはことなるが、別の特徴にかんしては類似している。一方、平等は不平等と対立するが、差異の反対語であるわけではない。

法律的に言えば、人間が平等であるということは、同一であることを意味しない。両者が混同されるのは、「同一」という言葉が時に「等しい」とおなじ意味でもちいられるためである。とりわけ平等という概念が量とかかわるときにはそうである。たとえばある容器の容積が別の容積のそれと等しい場合には、それを同一であると言うこともできる。

今日、人間の平等はその市民的・政治的権利の平等を言うのであって、人間がその本性や、さらには生活条件において同一であることを意味しない。

一八世紀の百科全書派のひとびとも革命に参加したひとびとも、市民の原理上の平等と自然的条件や生活条件の差異、階層や財産上の格差とを区別するよう気をつけていた。大革命後は階級差や身分の違いを口実にある種の法的不平等が正当化されることはなくなった。この点だけがあたらしくなった。貧しい人も権利上、富裕なひとと同等となった。しかし収入の「格差」はそのままであった。ある意味では平等と差異は対立しないばかりか、むしろ両者はひとつのシステムを構成している。さらには、人権宣言で規定されたいくつかの権利の平等は状況がもたらす事実上の格差を前提にしており、それをそのままにしている。こうしたことは周知のことである。

だから市民的・政治的権利は後になってすべての人に（とりわけ女性たちに）拡張されただけではなく、貧困を打破するために経済的・具体的生活にかかわる社会権によって補完されなければならなかった。それはまさしく状況の格差を減少させることをめざすものだった。しかしどこまでの格差なら容認できるのだろう。特別な法を必要とするような人間的状況はないのだろうか。仕事も住居もない人間にとって安全という権利を保証されてもどんな意味があるのだろう。いかなる教育もうけていない人間にとって言論の自由などどんな意味があるのだろう。人権があまりにも形式的であることにたいして批判があったが、それはただしいことだった。人権は必要で根本的な権利であるが、それだけでは十分ではない。公正という概念は平等という概念だけではくみつくせないものだからである。

だから両性間の状況の格差を是正するために、特別な権利を保障したり、万人の抽象的形式的平等という原理をのりこえるような措置をとるべきではないか、検討する必要がある。それに権利の平等という抽象的な原理は女性にかんしては最初からその限界を露呈していた。そもそもこの原則が誕生したとき、それは女性にたいしては適用されなかった。一八八五年の破毀院の判決は市民権にかんして、女性は当初から、つまり制限選挙制だった時代から投票権をもたず、一八四八年に「普通」選挙になったときも「憲法は従来から唯一の有権者であった男性市民にしか国の代表者をえらぶ権利を拡大しなかった」と述べている。女性が市民権の平等を獲得するためにおおいに苦労したことはだれでも知っている。しかしそれを獲得した後でも、とりわけフランスでは習慣はなにも変化せず、男性による権力独占がつづくことにひとびとは気がついた。

だからフェミニズムの「平等主義的」主張を補完するために、諸権利の実質的適用を要求する戦いを継続するとともに、女性独自の主張も展開する必要があったのだ。公的空間でも労働の場でも、平等がかならずしも保証されていないことはだれもが知っている。そもそも同一労働には同一賃金という最低限の規則さえ守られていない。経済生活において、女性はたかい比率で労働にみあわない賃金しかあたえられず、ほんのすこしの人間しか管理職に登用されない。

もし平等原理をあまりにも抽象的にとらえて、厳密な意味での権利の平等としか理解しないとすると、この原理には限界があることを認識すべきだ。性質上比較不可能なさまざまなケースに盲目的におなじ法律を適用すると不正義がもたらされるおそれがある。公正の実現を優先して、法の適用において一般的な法律の杓子定規な適用を是正し、さらにはそれをのりこえ、それぞれのケースの具体的な現実を考慮にいれた措置をとったり、行政命令を発したり、さらには法律を制定したりするべきだ。

原則的には権利の平等という原理は人間のあいだの差異を無視するのだが、しかしある種の権利はすべての人に等しく付与されるとかえって不公平になることがある。だから年齢とか前科がないこととか精神が正常であることなど、それを享受するためにはある種の条件がついた権利がたくさんある。また、両性に等しく適用されるわけではないにもかかわらず、ただしく公正であるとかんがえられる措置も存在する。産児休暇はもちろんだし、特定の労働の禁止（コールピックをもちいる業務など）といった規則もある……。だから法や制度で性的差異に配慮することはただしい。こうした事例をかんがえてみると抽象的な平等原理の限界をみとめざるをえないだろう。

厳密には、平等原理はあらゆる差別に反対するものだが、法律においていくつかの例外が許容されている。社会保障関連法がそうである。ある種の権利は特定のカテゴリーの人だけが享受できる。家族や退職者、病人、子供、障害者、失業者などである。また当人の収入に応じて付与される権利もある。それらは必然的に「差別的」である。というのもそれは不平等を償い、是正し、もっとも困窮したものを援助するからである。

平等原理の限界をもうひとつ別の領域で確認することができる。それは機会の均等である。人権宣言第六条は平等に公職に就任する権利について規定しているが、機会の均等というのはこうした意味での平等原則の一般的表現であり、かつその延長である。人権宣言第六条にはこう書かれている。「すべての市民は（……）その能力に応じ、またその徳と才能以外の差別なしに平等にすべての位階・地位・公職につくことができる。」

フランスはとりわけこの平等な「被採用資格」すなわち「機会の均等」に拘泥する。これは共和主義的エリート主義と一体をなしている。平等原則によってすべての人間がどんなポストや職にも志願し、選考手続きに応募でき、そしてもっとも有能な人間がえらばれる。この方式は実際にうまく機能してきた。選抜試験という発想や制度をかんがえてみるとよい。それは旧来の縁故による採用や恣意的な任命を否定し、能力によるただしい選別を主張する。（とはいえ自由指名がかならずしも縁故採用になるとはかぎらない。それは、ときには匿名による選抜とおなじくらい、能力基準を尊重した選考となる場合もある。）現在では平等原理によって公職のみならず、雇用、職階さらにはマンション購入にかんしても、「候補者」をいかなる形でも（とりわけ宗教・出自・性別を理由として）アプリオリに差別することは理論的には禁じられている。

フランスではクォータ制を採用することに警戒心がつよいが、それはこのようなあらゆる差別の拒否という原則のためである。というのもクォータ制は「積極的差別（訳注：フランスでは英語で言う積極的差別是正措置《アファーマティヴ・アクション》をこのように呼ぶ）」に他ならないからである。実際それはあるグループのなかにアプリオリに定義された人間（たとえば女性）を最低限一定数だけふくめることを義務づける。しかしながら、クォータ制はたんなる平等原理だけでは根絶できない不正義を是正することを目的としたものであり、公正を実現するためには場合によればこうした措置が必要になることもあるようにおもわれる。

こうしたクォータ制が積極的差別〔＝積極的差別是正措置《アファーマティヴ・アクション》〕と呼ばれるのはそれが原則として排除をおこなうためではなく、排除を是正するために実施されるからであるが、しかし差別は、たとえ積極的差別あっても、権利の平等あるいは法の前での平等の原理に反する。法は「保護するためであっても、罰するためであっても、万人にたいして同一」（『人権宣言』第六条）でなければならないからである。

したがってこの問題にかんしてはケースにわけてかんがえるべきだろう。とくに、被採用資格が資格試験や選抜試験のように原則的に判定可能な能力にかかわっている場合と選挙の候補者リストへの記載のように能力・資質の評価がより主観的な場合を区別する必要がある。こうした区別を十分にしないために、一部のひとびとは、とりわけ女性は、選挙の候補者になる人は能力でえらばれたのだとすなおに信じきってしまう。

実際、女性は男性にたいして適用されるよりゆるい基準にもとづいて「あまい」選別がおこなわれることを昂然と拒絶するが、このほこりたかい態度は当然である。女性は特定の判定可能な知識や能力を選別する場合にはクォータ制を実施することに拒絶反応をしめす。そしてそれはただしい。ただその場合には選抜基準が明確に定義され、数値化可能でなければならず、そして性差別主義的な基準がこっそり混入されていてはならない。いつもそうなっているとはかぎらないのだが……。

しかし、クォータ制を公正な形で導入することが必要になる場合もあるだろう。たとえばこっそり男性だけをアプリオリに優先するなどのかくれた差別を是正するためとか、被採用資格を獲得す、るための条件自体に明白な不平等があり、それを補償するためなどである。またもともと一方の性の人間しか加入がみとめられていなかった集団に男女混成性《ミクシテ》を導入するためとか、選挙候補者リストのように能力を基準にして選抜されているのではない集団にかんして、クォータ制を実施することは有用であろう。

おおくの女性が性差別主義的偏見を内在化し、選挙候補者リストの三〇パーセントとか五〇パーセントに相当するだけの数の「有能な」女性候補者を本当にみつけることができるのかと疑問をもつ。しかしそのとき女性たちは、たとえば市会議員選挙で九五パーセントを占める男性議員候補者がその「能力」にかんして厳格で公正な選抜を本当にうけてきたのかどうかということを問題にしない。女性は自分に自信がもてず、もしある一定数の女性を候補者にすることにしたら、必然的にふさわしくない人たちをえらぶことになるとかんがえる……。しかし男性たちがそんな心配をすることはない。そしてそれはただしい。最終的に、候補者の価値を判断するのは有権者だからである。それに女の子と男の子のあいだで知的能力の違いがまったくないことは教師たちが十分確認してくれるだろう。もちろん政治指導者となるために、候補者には別の能力、経験と精神力に属する能力も必要である。勇気、忠誠心、粘り強さ、誠実さ、他人を尊重する心などである。しかしこうした要素はいずれにせよ、通常の選抜方法ではほとんど評価できない。だから「やってみる」しかない。うまくいくかどうか、検証はその後だ。

だから候補者選抜はうってつけの場である。候補者選抜にあたって政党や法が積極的な措置をとって女性のためにクォータ制を実施することは正義にかなっているし正当性もある。

候補者になる可能性の平等という原則に問題があるとしたら別のところだ。つまり、意図的な差別以前に、そもそもみんなが勉学やポストや職を志願しなければ、男の子と女の子、男性と女性のあいだの機会均等という原理が介入することさえできない……。

女性にたいしてとざされた世界がじょじょに。ひとつひとつ門戸をひらいていったとき、機会の均等や実質的な平等がすぐさま実現されるとは期待できなかった。習慣や伝統の重み、家族の影響、初心者の臆病さ、こうしたものすべてが女の子や女性の意欲を制限する結果になった。選抜試験はくじびきではないから、これはたんなる比喩だが、宝くじを買う人はすべて等しく当選する可能性をもつ。しかしみんなが宝くじを買うわけではない。女性がずっと排除されていた社会で、女の子たちは未来のための宝くじをすぐには買おうとはしなかったのである。

だから、中等教育が女性に開放されたとき、ひとびとは女性に学習や受験の権利をあたえるだけで満足しなかった。複数の領域で、すこしずつ、女性用・男性用の二種類の上級教員資格《アグレガシオン》選抜試験が創設されていった。もちろん両者について同水準の能力が要求され、審査委員会がレベルを保証した。こうして二種の選抜試験が設置された結果、六〇年代の終わり頃までには上級教員資格《アグレガシオン》をもつ教授が男性女性でほぼ同数採用されることになった。これは女性についてほぼ五〇パーセントのクォータを設定したのに等しい。

最後に、そもそも女性の排除は伝統的に男性が享受していた「積極的差別」のたんなる裏面にすぎなかったことをひとびとは十分に意識していない。その差別はあまりにも根強く、あまりにもふるくからあったので、もうそれが存在することすら忘れられている。何世紀にもわたって西洋社会で男性は大部分の社会的活動と権力を独占する「カースト」を構成していた。女性と男性の平等の獲得は必然的にこうしたカーストの解体をひきおこしたが、それはすぐには消滅しなかった。
　ある種の職業が女性に開放されたとき、男性の採用を優先することが大なり小なり公然とつづけられた。哲学の上級教員資格選抜試験《アグレガシヨン》の審査員が口頭試問の際に「哲学教授が女性でしめられないようにするために」男性が多数になるよう点数を操作したと告白した事件があったのはそう昔のことではない。女性が多数になった職業はそのために価値が低下するということは哲学教授にかぎらずどこでもみとめられることである。だから男性の方を多数派にしておくことは学問領域や職業を擁護する一手段とかんがえられていたのである。

　能力という概念そのものも、たとえば人間科学の領域ではいくつかの疑問をよびおこす。たしかに知的能力をはかることは可能である。仕事や作品や人物が卓越しているかどうかみればよいのである。わたしはなにもこうした点についてアプリオリに性を考慮しながら判断しなければならないと主張しているのではない。問題は別なふうに提起される。すなわち、われわれは人間科学が男性と女性の両者によって実践されることが大事だということを理解すべきである。というのも人間科学の分野においては観察者の視線から独立した、性的に中立な科学的真理が存在すると信じるのはナイーヴすぎるからである。性的差異は人類学や精神分析学などで研究される「対象」のひとつである。しかしそれはそうした学問の「主体」にも影響をあたえる。学問をするのは肉体をもたない純粋な思考ではなく、具体的な個人だからである。人類学、歴史学、心理学、精神分析学、経済学、政治学、哲学等々をつくりあげるのは中性的主体ではなく男性や女性であり、その観点は自分のおかれた状況とか性的存在としての経験に部分的には依存している。研究者の観点も、すくなくともある種のテーマにかんしては、全面的に「客観的」ではありえない。おそらくそれだからこそ、家族や生殖、経済的・社会的秩序や無意識などにかんする理論の大部分が、今日にいたるまで、男性中心主義的な性格をもっていたのだ。男性中心主義は哲学においても支配的である(96)。状況やそれがうみだす差異的構造の外にでることはできないのだから、そうした科学がつねに「政治的」性格をもっていることを自覚し、性の無意識の政治学を考慮にいれて、男性の視線に人間的事象の解釈を独占させないようにしなければならない(97)。つまり女性はこの領域における理論構築に積極的に参加しなければならないということなのだが、女性たちは現在それを立派に実践している、偏見なしに、活動家特有の先入観にとじこもることもなしに……。そもそも、偏見や先入観にとらわれてしまったら知の目的からはそれてしまう。視線の移動は最大限の誠実さをもって、性的差異を考慮にいれるよう努力しながら、つまり人間的事象のほとんどが二元性をもっているということをかんがえながら、おこなわれなければならない。

(96) この点にかんしてはとくにジュヌヴィエーヴ・フレス『性的差異』（ＰＵＦ、パリ、一九九六年）参照

(97) モニック・ダヴィッド＝メナール編『知の実践と性的差異』（パリ、ラルマタン、一九九一年）参照

最後に、能力が等しく才能が同等なら、社会において男性と女性のことなった経験をくみあわせることがこのましく、大部分の職務や仕事、役職がどちらかの性だけで占められることがないよう

にした方がよい。人間科学の分野とおなじように警察でもあらゆる階級に女性が任用されるようになって、警察の世界もかわりつつある。しかし目的は女性の独占状態をつくりだすことではない。実際、初等教育の分野がほとんど女性だけで占められるようになったのは残念なことだ。だから男性には小学校で男性専用のポストがつくられるよう要求する権利が完全にある。理想は男性の要求と女性のそれが正面衝突することではなく、男女混成性《ミクシテ》の価値を両者がみとめることである。

だから、独占状態を打破するためにはクォータ制のような意欲的な措置をとることが公正な対応となる場合があることはわかるだろう。しかしクォータ制はまったく公正なのだが、男女同数制《パリテ》の観念とは少々ことなる。あるひとびとにとっては、クォータ制という政策はとりわけ社会と民主主義の機能を是正し、言わば平等原則の適用を改善することを目的としている。しかし別のひとびとはそれを男女同数制《パリテ》、つまり役職や職務を男女に等しく配分するというかんがえをプラグマティックに実現する手段にすべきだとかんがえている。

このように男女同数制《パリテ》は政治の領域において男性と女性のあいだでの権力の共有という意味をもつようになった。それは民主主義についてのまったくあたらしい考え方である。フランスでは政治機関はほとんどの場合、女性にたいして政治生活を開放することに熱意をしめさなかったが、そのためにきわめて漸進的な改革しか志向していなかった女性たちでさえ男女同数制《パリテ》という急進的な方向にすすむようになった。たとえば一九八二年、女性たちが政界からおおきく排除されている現状をみて（事実上の排除であり、権利上のそれではないが）、ジゼル・アリミはすべての選挙候補者リストに七五パーセント以上の「同性」の候補者をふくんではならないとする修正案を提案した。「同性」という表現は巧妙であったが、この修正案がどうなったかは記憶もあたらしい。国民議会・上院の両方がこの修正案を可決したが、憲法院がみずから主導権をとって法案を審査し、憲法に違反すると判断して無効とした。その理由は、法案が選挙人や被選挙人をカテゴリーわけしているからということである(98)。この判決は法的にも議論の余地があるが、政治的にはさらに問題だった。

(98)　このクォータ法案のおどろくべき不運な物語をジゼル・アリミの本『あたらしい女性の大義』(スイユ、パリ、一九九七年、一〇七ページ以降)で読むことができる。

「フランスがいつでも近隣諸国より急進的な政治的解決策を採用する結果になってしまうのは、おそらく理性の狡知のためである」とブランディーヌ・クリジェルは当をえた指摘をしている(99)。この政治哲学の専門家は完全に理解しているのだ、性的平等にかんして「漸進的改善策」や積極的差別〔＝積極的差別是正措置《アファーマティヴ・アクション》〕がはげしい抵抗にあいつづけているために、フランスは政治的に一番急進的な策を選択するしかないことを。それが男女同数制《パリテ》である。

(99)　『平等原理について』(一九九六年国務院報告書、国務院、ドキュマンタシヨン・フランセーズ刊、《研究と資料》第四八号、パリ、一九九七年)所収の「男女同数制《パリテ》と平等原理」

男女同数制《パリテ》

男女同数制《パリテ》というアイデアを最初に提案したのはフランスのもっとも大胆なフェミニストのひとりユベルチーヌ・オークレールであった。一八八〇年に県知事へあてた手紙で、投票権を獲得できないかぎり税金を支払うことを拒否すると言明したあのオークレールである。「統治する権利を男性が独占しているのですから、税金を支払う特権も男性におまかせすることにしましょう。男性は自分たちのおもうとおりに税金の額を決定し、自分たちで負担の配分を決定していただければよろしい。（……）わたしには権利がないのですから、負担をおう義務もありません。投票をしないのですから、税金もはらいません(100)。」説得力のあるこの議論は世論につよい印象をあたえたが、議会をうごかすにはいたらなかったし、女性も全体としてはうごかなかった。当時、女性たちはとりわけ民法上の権利を獲得することに関心をもっていたのである。その数年後の一八八四年、ユベルチーヌ・オークレールはふたたび「普通」選挙（と呼ばれるもの）を女性にまでひろげることを要求し、また同時に議会を「男女同数で」構成することを提案した。

(100)『女性の投票』、ジアール、一九〇八年、一三六〜七ページ

この要求は問題を一挙にまったくあたらしい次元に位置づけることになった。男性による共和主義的・民主主義的権力の独占(101)に終止符をうち、女性に選挙権と被選挙権をあたえて政治社会からの女性の排除をなくすということも大事だ。しかしユベルチーヌの主張はそれにとどまらず、さらに男性と女性のあいだで政治権力を共有するというまったくあたらしい考え方を提示したのだった。実際、ユベルチーヌにとって両性の政治的平等とは女性が女性として主権者たる国民の半分を構成しているという事実をみとめることを意味していた。それは彼女にとっては自明の理であった。男性と女性は一緒になって、そして等しい資格でひとつの選挙人団・被選挙人団を構成するべきなのだ。

(101) 旧体制《アンシャン・レジーム》においてはある種の条件をみたせば、女性も三部会に代表を送るための投票権をもっていた。

両性による権力の共有という当時はユートピア的にみえた考え方が今日ふたたび登場した。国を主導するいくつかの機関で男性と女性の比率がバランスがとれているべきだ（つまりかならずしも数的に同数でなければいけないということではない）という主張がひろがってきたのである。こうした要求が一九九六年に、ローマ憲章や一〇人宣言として表現された。また国民議会や上院における女性議員数のすくなさ（一九九六年の時点で五パーセント程度！）にひとびとが一致して憤慨し、

女性と男性が平等に意志決定に参加すべきだと宣言したとき、世論の底流にあったのはやはりそうした考え方だった。こうした世論の流れはおおくの世論調査の結果がしめしている。のみならず、法に規定された原則的な平等と議員がほとんどすべて男性であるという政治的現実の乖離を非難する声はいたるところからあがっている。

しかしこの場合、権利の平等と実際の現実を対立させるのはまちがっている。すでに指摘したように平等原理とはただ女性にとっても男性にとっても権利（選挙権と被選挙権）が同一であるということを意味しているにすぎないのであって、法の前での男女の平等が、有権者や議員の数を男女同数にしなければならない、という意味であったことは決してない。つまり権利の平等とは男女間の数的平等の意味ではない。もちろん人口の男女比はほぼ同一だから女性有権者は男性有権者とほぼ同数（というか実際には女性の方がすこしおおい）いる。にもかかわらず、フランスでは女性議員がほとんど存在しない。そしてそのことにひとびとは驚きをかんじはじめているのだが、これはよく言われるように、フランスの制度が「うまく機能していない」せいなのだろうか。これは「民主主義の破綻」なのだろうか。全然そんなことはない。民主主義の古典的な概念では、参政権が女性に拡大された後でさえ、議員中の女性の比率が適正でなければならないとかんがえられたことは決してなかった。権利の平等という概念も、民主主義という概念も、議会での実質的な混成性という理想をかかげたことはなかったし、ましてや権力を平等にあるいは公正に男女が共有しなければならないと主張したこともなかった。ただ男女同数制という理想のみがこの男女共有の主張をふくんでいるのである。だからそれは原理的観点からも、民主主義の実践という面でも、独創的で、完全にあたらしい主張なのである。

選挙によりえらばれる職務の場合、男女同数制《パリテ》導入にはふたつの方法がある。もし可能ならばあたらしい選挙方法（二名選出式）をつくり、選出される男性女性を同数にするか、あるいは男性女性の候補者の数を同数にするかである。わたしには候補者を男女同数にする制度が最良の解決策であるようにおもわれる。政党ごとの候補者の総数を計算することで、比例制選挙にも国民議会選挙〔訳注：小選挙区制の選挙〕にも容易に適用することができるからである。

おそらく候補者の男女同数制《パリテ》は数的厳密さにおいては劣るであろう。また政党内部で男女間の競合を発生させるかもしれない。しかしそれにはいくつも利点がある。最終的にえらばれる男女の数はさまざまになるから数字的には厳密ではないが、それは男女同数制《パリテ》がたんなる数字の問題ではなく、むしろ質的な問題であるという考え方に合致する。大事なことは数の上での正確さではなく、男女混成性《ミクシテ》という一般的原則なのである。議席数に少々の差があってもそれにこだわるべきではない。一般的に、数字にこだわりすぎると硬直的になり、人間関係にはうまく適合しない。

候補者の男女同数制という方法があまり主張されないのは、政党が「自由にその活動をおこなう」と規定した憲法第四条に抵触すると言われているからである。しかし、もし国民が民主主義に男女同数制《パリテ》目標を付加するならば（国民投票で決議すればそうできる）、その議論は成立しなくなる。そうなったら候補者の男女同数制《パリテ》を規定した法律は他の法的規定（たとえば被選挙権をもつための年齢下限など）同様、政党の活動の自由を侵害するとかんがえられることはなくなる。政党の活動には無制限の自由が保証されているわけではない。それはなにより民主主義の原則に合致していなければならない。だから政党に候補者の男女同数制《パリテ》を強制してはならない理由はない。一般的に言って、これほど重大な政治的選択にかかわる場合、法律を根拠にした異議というのはあまり重要性をもたない。こうした議論に決着をつけるのは国民なのだ。

問題がどれだけあたらしいかは理解していただけるだろう。どちらの方向に行くにせよ、法技術にこだわりすぎていては、処理をあやまる。男女同数制《パリテ》という概念の独創性をやわらげて、もっと簡単にひとびとにうけいれてもらえるようにするために、それを平等という概念にふくめてしまいたいとかんがえる人もいるかも知れない。しかしそれでは概念に厳密さが欠け、したがって擁護することがよりむずかしくなる。だから男女同数制《パリテ》という概念が民主主義の新基軸を構成していることをすすんでみとめる方がよい。

実際、男女同数制《パリテ》は性的差異を政治的に解釈するひとつの方法である。男女同数制《パリテ》によって性の違いは差別の口実となることをやめ、権力の共有を正当化するものとなる。男女同数制《パリテ》は公的問題にたいする関心やそれに付随する責任が男性にも女性にも等しく帰属するとかんがえる。共有という概念は性的差異を考慮にいれるのだが、しかしそれを伝統的図式にしたがって序列化してかんがえるのでもなく、また普遍主義的概念のようにそれを中和化することができるとかんがえるのでもない。実際、差異を序列化する思考様式から脱却するためには、差異が政治的意味をもつことをアプリオリに否定するのではなく、独創的な解決方法を発明するのでなければならない。

しかし、おおくの人が（男女同数制《パリテ》やクォータの導入につよく反対する人でさえ）政治的意志決定機関において男女混成性《ミクシテ》の理想が実現されることを希望しているにもかかわらず、この混成性《ミクシテ》という概念をどんな原理のうえに基礎づけるべきか自問する人はほとんどいない。まるで自明であるかのように、だれもこの理想を否定しないのだが、しかしそれが提起するさまざまな疑問を前にしてみんなが後ずさりをする。というのもそれは不可避的に性的差異にいかなるステイタスをあたえるかという問題を提起するからである。フランス的普遍主義はその問題を執拗に回避しようとするのである。

政治権力が男性と女性によってよりよく共有されるべきだとかんがえるひとびとも、それに到達するための手段が実行にうつされる段になると、同意したがらないということがしばしばある。混成性《ミクシテ》を実現するために規則や制度にたよることが彼らにはとんでもない暴挙にみえるのだ。まして憲法改正など論外である。なかには国民議会に「もっと女性を」と声高く主張しながら、市民空間において性の違いをほんのすこしでも考慮にいれることは拒否するという矛盾した態度をとる人もいる。しかし、もし市民空間が個人の性別を無視すべきだというなら、公的機関における男性・女性の数という問題は提起される理由がなくなってしまう。実際、目的を実現する手段をこんなにもおそれるのは目的そのものの正当性に確信をもっていないせいだとかんがえざるをえない。

わたしが今日、男女同数制《パリテ》というあたらしい男女間の関係のあり方について論じる前に、本書で性的差異の性質と価値と普遍性について長々と述べてきたのはそのためである。

人間であるあり方にはふたつの本質的な形があり、女性であるということはそのふたつの形のうちのひとつであるとみとめるなら——そしてこの点に同意する場合のみ、——どのような国民でもふたつのやり方で存在していることをみとめなければならない。人間が二元的な存在であるとみとめるならば、国民もおなじように二元的な形で存在していることを否定できなくなる。ブランディーヌ・クリジェルは男女同数制《パリテ》的なモデルを使用しながら両性の平等を正当化する議論を展開しているが、その議論を市民権ではなく人権理論のうえに基礎づけている(102)。わたしは彼女の分析に賛成する。というのもここで重要なのは男性と女性が等しく人間性をもっているという事実である。それは市民にかかわるあらゆるカテゴリーよりも有効なのである。

(102) ブランディーヌ・クリジェル前掲論文「男女同数制《パリテ》と平等原理」参照

そうした意味でわたしは人類の普遍的混成性《ミクシテ》という概念は国民の定義にも反映され、民主主義の概念や政治生活の原理にくみこまれるべきだとおもう。

この点がすべてであり、この点をみとめるならば、法律や憲法の障害など、かつて女性に投票権が拡大されたときの憲法学者たちの異議とおなじくらい無意味なものになる。この主張がただしいとおもわれるなら、そこから法律的に帰結をひきだすべきであるし、そうでないなら、その点について議論すべきである。

それにこの立場がただしいかどうか、この主張が義にかなっているかどうかを判断するのは主権者たる国民である。憲法によれば国民は両院合同会議(103)か国民投票によってその意思を表明することができる。民主主義は自分自身に変更をくわえる手段をもっている。それが民主主義の力でもある。男女同数制《パリテ》は、民主主義についてのあたらしい考え方として、民主主義的な意志決定手続きの判断をうけるべきである。

(103) 最終的にこの方法がとられた。本書冒頭の「混成性《ミクシテ》に関する補足」参照

しかしわたしは男女同数制《パリテ》という観念やその適用にたいする反論の検討を怠るつもりはない。そうした反論はしばしば善意の観察者によってなされているからなおさらである。

まず一番主要な反論をみてみよう。それはつぎのような形で提出される。性の二元性を考慮することは国民主権の原理に、したがって憲法に違反するのではないか──これがエヴリーヌ・ピジエその他のひとびとが提起する問題である。ピジエは平等原理を主張し、男女同数制《パリテ》に反対する論拠として憲法第三条をあげるのだが、それによれば議員は国民全体を代表するのであって、国民のいかなる「部分(104)」からも委任をうけているわけではない。実際、最近ジャーナリズムで発表されたいくつかの議論もおなじ方向で論を展開し、男女同数制《パリテ》は国民主権を危機におとしいれると主張する。

(104) エヴリーヌ・ピジエ「平等か、男女同数制《パリテ》か」(『女性の位置』前掲書、五一四～五一七ページ)。憲法第三条はこう規定している。「国家の主権は国民に属する。国民はその代表者と国民投票によって主権を行使する。国民のいかなる部分もまたいかなる個人も主権の行使を自分のものとすることはできない。」

この議論にはとりわけ興味深いふたつのテーマが存在するようにおもわれる。国民は「部分」にわけられてはならず、国民は不可分であるというテーマと議員の使命としての国民の代表という

テーマである。男女同数制《パリテ》にかんしてこのふたつのテーマが結合し、それが女性は女性として代表されるという主張に異議を申し立てる根拠となる。というのも、男女同数制《パリテ》をみとめてしまうと、女性は国民のなかのひとつの「カテゴリー」、ひとつの「部分」を構成するということになってしまうからである。しかし男女同数制《パリテ》が問題になるのはただ国民議会選挙だけではないし、女性も占めるべきポストとして国民議会議員だけがかんがえられているわけではない。そもそも、おおくの人がみとめているように、男女同数制《パリテ》は地方選挙のレベルや欧州議会選挙のような比例代表制の選挙には非常に簡単に適用できる(105)。

(105) ミシェル・ロカールのおかげで、一九九四年欧州議会選挙で社会党のリストに男女同数制《パリテ》原則が適用され、欧州議会における女性議員の数は一挙に増加した。

まず国民の不可分性の問題をかんがえてみよう。

憲法によれば議員は国民のいかなる部分からも委任をうけているわけではない。つまり、議員はあるカテゴリーの市民を代表するわけではない。したがって、議員は（男性であれ、女性であれ）女性の代表者として選出されるということがあってはならない。この点は確実である。これについてはまた後で議論することにしよう。

男女同数制《パリテール》的代表制についてわれわれがどうかんがえているか説明をする前に、この異議の性質についていくらか留保を述べておこう。

議員がだれから委任をうけるかという問題は男女同数制《パリテ》では論点になっていない。男女同数制《パリテ》の原理は議員内の男女比率の適正さを要求するものであるが、選挙民の分割や部分わけを含意しているわけではない。男性と女性が別々に投票するなどということをだれも主張していないし、ましてや男性と女性がそれぞれ別の代表をえらぶべきだと言っているわけでもない。ここで「国民の一部分」にかんする憲法の言及をひきあいにだすのは不適切である。というのも各性それぞれが別々に代表を選出するわけではないからである。

「国民のいかなる部分」も主権の行使を占有することはできないという条項は一七九一年に最初に規定されたのだが、これは市町村議会選挙には無関係だし、またとりわけ女性にはあてはまらない。そもそも、現在の両性による権力共有をめぐる議論に、一七九一年に起源をもつ規定をたてに反対するというのは奇妙だ。というのも国民の一部分が主権を独占することを禁止すると言いながら、一七九一年当時この規定の適用対象となったのは男性だけであったからである。だとすれば、女性が共和国を分裂させる恐れがなかったのも当然である。なにしろ当時は女性は国民の一部分を構成していなかったのだから……。しかしいまからかんがえれば、男性とは現在国民とみなされているものの「一部分」にすぎないことは言うまでもない。テクストを時代錯誤的に解釈することは慎まなければならないが、一八世紀の政治空間における女性の不在は当時書かれたテクストの読解に影響をあたえざるをえないし、さらには現在そうしたテクストを議論に利用するにしてもその点を考慮せざるをえない。というのも男性が権力を独占していたとき、分裂を禁止することに理があったとしたら（とはいえこれも議論の余地がある）、そしてまた、それにもかかわらず男性が当時、性の二元性〔＝人間には男性も女性も存在するという事実〕におもいをいたすことができなかったのだとしたら、われわれもいまこう主張することができるだろう、――この性の二元性は有権者全体をつらぬいており、いまさらそれを禁止しようとしても無駄である、と。が、いずれにせよ、この二元性（さらには両性による権力の共有）をみとめるからと言って、それは主権の行使の占有にはつながらない。両性に共有される主権の行使というのはむしろ（いままでおこなわれてきたのとは逆に）両性のどちらか一方が主権の行使を占有することがないということを意味している。

そもそも不可分性という議論は昔、やはり女性の権利主張に反対するためにおおいに利用されたものである。だからわれわれはみなれた議論に再会したという印象をもってしまう。実際、国民主権は不可分性幻想の唯一の対象ではない。女性の要求は、国民の統一性にたいする脅威という批判をうける以前にもうひとつ別の制度の統一性を脅かすと批判された。それは家族である。家族はとりわけ分裂を生じさせてはならない制度とかんがえられていた。第二帝政末期や第三共和制時代に女性への参政権の拡大を否定するためにもちだされたのが、この不可分性という議論であった。ひとつの家族のなかに複数の投票権をみとめると必然的に家族を破壊する恐れがあるというわけである。ジュール・シモンは女性参政権に否定的だったが、たとえば一八六七年にはこう言っている。「家族は一票の投票権をもつ。投票権をふたつもてば、家族は分裂し、消滅してしまう。」モチーフはいつもおなじである。分裂すること、それは事物の統一性のかわりに複数性を代置すること、統一性を腐敗させ、破壊することである。政治が夫婦を分裂させることにたいする恐れが、性的差異が国民を分裂させるという恐れと対称的であることは容易に気がつく。しかしわれわれは女性参政権にもかかわらず家族が消滅しなかったことを知っている。消滅したもの、それは家族全体を一家の父親と同一視する考え方、夫婦の男性的アイデンティティのなかに女性を解消してしまう考え方である。同様に、男女同数制《パリテ》によって脅かされているもの、それは共和国を男性の政治的共同体と同一視する見方であって、共和国の統一性そのものではない。

家父長制的家族は非常にながいあいだ、政治による分裂の危険性に抗して統一性をたもつことに成功したが、そのあいだ、代表という観念を少々偽造することもおこなわれた。女性にたいして政治的権利を全面的に拒否することがますますむずかしくなった一九世紀の終わり頃、それでも夫から権力や特権をうばうなど論外だったので、女性は事実上、夫によって「代表されている」から自分自身で投票する必要はないというかんがえが主張された。代表という概念のこうした独創的な使用法は、女性の自由や政治的権利を阻害するのは男性の権力でありそして私生活における女性の従属であることをいまさらながらにあきらかにしたのである。この考え方だと、女性が結婚した場合には市民権を喪失するという条件をつけることさえできれば、女性に市民権をあたえてもかまわないということになる。この巧妙な解決策は女性が夫をもっているかどうかで違ったあつかいをすることになるが、家族の統一性をまもるためにはこの程度の変則性は容認できる、とすくなくとも専門家たちはかんがえた。「夫を選挙権をもった妻の代理者とし、寡婦や独身者、離婚者には当人に選挙権をあたえることによって、議会は国民主権の主要な目的を達成することができるとかんがえられる。これによってすべての女性が代表されることになる(106)。」妻が投票しないようにするためには「議会」はどんな妥協でもする用意があったことがよくわかる。法的なアクロバット満載のこうした昔の議論を読んでいると、いろいろと教えられることがある。問題が政治的な場合には政治的に、つまり民主主義的に、それを解決すべきであり、専門家にたよるべきではないということをそれはしめしているのである。

(106) モーリス・ルノドー『フェミニズムと女性の公的権利』ニオール、一九〇二年、一四七ページ。フランソワーズ・ガスパール、クロード・セルヴァン＝シュレベール、アンヌ・ル・ガル『女性市民よ、権力をとれ！――自由・平等・パリテ』スイユ、パリ、一九九二年、一〇一ページに引用

個々の女性のステイタスはさまざまだから女性が自然的なカテゴリーとして存在していると単純に言うことはできない。しかしともあれ女性は文化的・歴史的カテゴリーとしては存在していると言えるだろう。一世紀半にもわたって女性は女性として市民権から排除されてきたのだから、女性に市民権をあたえる際にもその条件を定義するにあたっておなじ論理が使用されるべきであっただろう。公的な事物はこれまであまりにも男性の占有物であったから、それが女性と共有されるときどんな風になるのか、再定義する努力をすべきであっただろう。しかしそうした点を考慮するとすれば当然、あたらしい規則をつくり、権力の共有の必要性をかんがえなおすということになっていただろう。だからそうしたことはせずに、女性は「他のものとおなじ市民」、つまり男性とおなじになることによって、あるいは中性的な市民となることによって、共和国を分裂させることなく、共和国に参入することができたのである。

それにたいして、男女同数制《パリテ》の原理は女性を女性として国民の意志決定機関、とりわけ国民議会に参加させる。しかし議会が全体として混成的《ミスクト》であるべきだとかんがえる男女同数制《パリテ》の理想は市民

をカテゴリーわけしたり複数の共同体に分裂させるということを意味しない。

男女同数制《パリテ》とは、総体としての国民の混成性《ミクシテ》を代表するために「国民の代表」は総体として混成的《ミクスト》であるべきだという主張である。すくなくともわたしがかんがえるところでは、特定の議員集団が特定の市民集団を代表するということではない。もちろんそうした類の分裂は存在するが、それは政党が政治的役割をはたす結果であり、男女同数制《パリテ》とはことなった問題である。

すでに指摘したとおり、男女同数制《パリテ》は男性と女性の票を分離しようとはかんがえていないから、市民の集団そのものを分割するわけではない。一部の人々はこんな風な誤解をしている。すなわち、立法府に混成性《ミクシテ》を導入するという主張は国民の代表（つまりは議会）の半分が男性、半分が女性であることを要求するが、それは議会のそれぞれ半分が男性と女性を別個に代表するということを意味する、そしてその結果、唯一不可分であるべき国民が分割されてしまう……。

男女同数制《パリテ》をそんな風に理解すべきではない。すくなくとも、それはわたしの理解ではない。誤解を避けるためには、代表制という概念のもっとも古典的な意味にたちもどるのがよいだろう。男女同数制《パリテ》は民主主義を「共同体主義的」〔訳注：社会内の個別的グループの自立性を過度に尊重する考え方。その結果、社会としての統一性を欠いた状態におちいるとかんがえられ、フランスでは否定的に評価されることがおおい〕に機能させるという主張とは無縁である。というのもそれは各議員が同性の市民を「代表」しなければならないとはかんがえないからである。実際、そうした考え方は代表制民主主義の原理に反する。

「女性議員問題」（すなわちその存在と数）と呼ばれる問題が代表制民主主義の枠内でしか発生し

ないということは強調するまでもない。というのも女性が市民権を有している場合、直接制民主主義においては女性は国民内部での比率に応じて自動的に主権を共有する。代表制民主主義における女性の政治的ステイタスの問題が問われる価値があるのはまさしくそのためである。というのも、代表制民主主義において女性は市民権を有しているにもかかわらず、国民の代表の場から魔法にかかったみたいに消えてしまっているからである。

こんな風にとつぜん女性の姿が消えるのは議員選挙のときになにかがおこっているからだとかんがえざるをえない。そしてこの手品みたいな現象の責任は選挙民にはないのだから、候補者の届け出のときになにかがおこっていることは明白である。だから、女性が候補者になることをさまたげる歴史的・文化的理由や、さらには政治における男性モデルの残滓（それがないとは言えない）を考慮にいれて、候補者選定の段階で男女同数制《パリテ》を導入することがこのましい。

解決策は知られているし、それについてはもう言及した。すなわち候補者を男女で等しくする「候補者の男女同数制《パリテ》」を制度化し、場合によればそれを政党に強制するか、それとも選出される議員数を同一にする「議員の男女同数制《パリテ》」を導入するかである。議員の男女同数制《パリテ》を実現するためにはあたらしいタイプの選挙、たとえばフランソワーズ・ガスパールが提案したような(107)二名連記制選挙を導入することが前提となる。その場合、市民は男性と女性で構成されたふたり一組の候補者の組を選択して投票することになる。実際にこの方法をとるとすれば、議員の数を二倍にしなくてすむように、選挙区の数を半分にすることになるだろう。この方法ならユベルチーヌが望んだように、議会に「女性と男性が同数」えらばれることになるだろうが、最初の方法（候補者の男女同数制《パリテ》）だとほぼ同数にとどまる。わたしはすでに、何故わたしが前者すなわち候補者の男女同数制《パリテ》の方をこのむか、その理由を述べた。しかし議論はひらかれている(108)。

(107)『女性市民よ、権力をとれ！』前掲書、一七三ページ

(108) 今日、法律は候補者の男女同数制《パリテ》を促進している。〔訳注：本書冒頭「混成性に関する補足」にあるとおり、憲法改正で憲法に「法は議員職やその他選挙でえらばれる公職への男女の平等なアクセスを促進する」という条文が付加され、さらに二〇〇〇年六月六日法によって政党にたいして候補者の男女同数を実行するよう促す措置がとられた。〕

しかし、もう一度言うが、どちらの方法が採用されるにせよ、男女同数制《パリテ》において選出された女性議員は男性ではなく女性だけを代表するということはない。ただ女性が立法府においても等しく存在するということを意味するにすぎない。たしかにここには警戒すべき点はある。すなわち、国民議会議員は国民全体を「代表する」のであり、なんであれ有権者の一部分を代表するのではないから、女性もまた女性だけを代表するような議員をもつべきではない。（女性は男性とは別に投票して、自分専用の代表を選出するかのようにふるまうべきではない。）もし女性党がつくられ、女性であれば女性党の候補者に投票すべきだと呼びかけるとしたらそうしたかんがえにすこし近くなるだろう。それは政治的複数主義の枠内で女性に共通の利害（それが存在するとすればだが）を表現するということになる。が、それ自体はいかなる法律によっても禁じられているわけではない。そうした政党は女性を女性として代表すると主張することになるが、このような分離主義的代表も

本質的には民主主義の複数主義的運営からはみでるものではない。

しかし女性党の仮定が男女同数制《パリテ》となんの関係もないことはみんなよく知っている。両性間の対立がよほどひどくなりでもしないかぎり、女性党が出現するなどという極端な事態におちいることはないだろう。政党は与党になることを使命とするけれど、男性党と女性党が政権交代をするというのは想像しにくい。女性にも政治活動をする可能性を確保すべきだという主張は、女性が一体性と団結心をもったグループを形成すべきであるということではない。性の二元性は人間的な事実であり、国家において公認されるべきである。つまりそれは、ひろい意味での政治的表現をみいだすべきである。が、それはさまざまな利害や政治的選択とかさなりあうわけではない。そうしたものは男性と女性のそれぞれが個人で判断すべきことがらである。言いかえれば、性の政治学は通常の政治的亀裂とかさなりあうことはない。両者は相対的に独立性をたもちながら、前者が後者を横断する。ある政党のイデオロギーが明示的に反フェミニスト的である場合をのぞき。他の問題にかんする政治的対立にもかかわらず、女性が男女同数制《パリテ》問題にかんしてはたがいに理解しあうことができるのはそのためである。

わたしが政党の存在に言及したのはひとつにはしばしば国民議会や上院の一枚岩的な性格が誇張されすぎることがあり、そうしたかんがえをすこし相対化したいとおもったからである。議院がひとつではなくふたつあり、ことなった選挙方法で選出されるという事実自体、国民の代表についての考え方にいくらかはヴァリエーションが存在しうることを示唆するものであろう。それに、議員はしばしばどの政党に所属しているかによってえらばれるものであるし、そもそも政党は議会のなかでグループを構成している。国民の代表は実際には理論で言うほど不可分ではない。だから性の二元性が「国民主権」を分裂させる恐れのある唯一のものであるかのように主張するのは少々偽善的な態度と言わざるをえない。

しかしもしそれが国民のすべてのカテゴリー（社会的、職業的、地域的、宗教的、民族的）が国内の人口構成比率にあわせて自分を代表する議員をもつべきだという意味なら、わたしは国民がより正確に代表されるべきだという考え方を支持しない。まったく逆だ。

そういう考え方をしていると、政治的代表制の概念を変質させてしまい、議会は全体として社会の多様性を正確に再現すべきであるという考え方になってしまう。この点をあきらかにするために、二種類の政治的代表制と造型芸術に固有な二種類の表象のタイプを比較してみよう。写真の映像は構成された表象ではない。写真（つまりインデクス的イメージ）は撮影されたテーマの痕跡を忠実に再現する（ちょうど世論調査がある時点の世論の動向を抽出しようとするように）。それにたいして絵画や演劇の表象（イコン的表象と呼べる）は言わば形を発明・構成し、「表現すべきもの」をより感覚的で理解可能なものにしようとする(109)。

(109) 痕跡と形の違いについてはジャン＝マリ・シャフェール「表現の生物学的・美学的痕跡」（ルネ・パスロン編『表象』ＣＮＲＳ出版、パリ、一九八五年所収）とレジス・ドブレ『誘惑国家』（ガリマール、パリ、一九九三年、三二一ページ以降）参照。しかし写真はインデクス的であるが、「複製」とは別のものである。

政治的代表（＝表象）は対象のコピー（インデクス的イメージ）ではなく、その形象化（イコン的表象）の一種であると言える。というのもそれは国民を正確に再現しようとしているのではなく、国民を表現し、その代理となる形象をつくりだそうとしているからである。モンテスキューは政治的代表制をまさしくそのような形でかんがえていた。

国民の代表者は国民の代わりに議論し、決定するために国民から委任をうける。彼らは市民のたんなる代弁者ではないし、いわんや自分の選挙区を代弁する者でもない。同様に、議会もいろんなひとびとによって派遣された大使の集会ではない。そうした意味では、国民議会は選挙民である国民を正確に「反映する」必要はないし、議員も議会で有権者の意志とされるものを受動的にくりかえす必要はない。もっとも民主主義である以上、国民の代表者が国民の意志をできるだけ忠実に表現しなければならないことは当然ではあるが。現代の政治思想はフランスで代表制が樹立されたときに基礎となった原理をわすれる傾向がある。そもそも国民の意思というものは、国民の代表者が議論し決定して、それを表明しないかぎり存在しない。政治的代表が国民の意思に姿形をあたえるというのはそうした意味である。国民を代表する人間や機関の外には国民の意思は存在しないという事実はわれわれを困惑させるが、しかしよくかんがえてみればこれは自明の理である。国民の意思などというものを一体どこでみつけることができるのだろう。世論調査機関は世論の動向をさぐるためにさまざまな意見を調査するのだが、そうした雑多な意見の集まりのなかに意志と呼べるものが存在するはずがない。そもそも、世論調査や街頭意見聴取で主観的な好みを際限なく集積すれば世論がさぐりだせるというわけでもない。全国のいたるところに鏡をもちはこべばフランスの姿がそこにみえるようになると言えるだろうか。世論というものはだれかの演説のなかで凝縮され、構築されたり、注意深い仲介者によって的確に表現された感情や分析のなかにあらわれたりする。そして、そのときになってはじめて、つまり事後的にしか、それと認識されることがない。同様に、政治的代表者は皆と協力して正当性をもった国民の意思となるべきものをつくりあげていく。つまりかれらは国民の意思の「表象」を構築する。その表象は、ただしくあるためには、ひとびとの日々の意見を反映するのではなく、もっとも一般的でもっとも正当なひとびとの希求を総合するものでなければならない。(とはいえそれは、政治家がひとびとの意見に耳を傾けなかったり、それが表明される場を軽視すべきだという意味ではない。しかしこれはまた別の問題だ。)

女性の代表という話から脱線したようにおもわれるかも知れないが、そんなことはない。いまやこの点はあきらかであろう。議会において女性が公平に代表されるということは女性議員が女性の代弁者とならなければならないということを意味しない。そうした見方をすると社会がカテゴリーごとに分裂してしまうことになる。反映か表象か——表現についてのこのふたつの考え方の差異は微細なものにみえるかもしれないが、両者の違いを銘記すべきである。社会全体がきちんと「表象〔=代表〕」されるという民主主義の要請はフランシーヌ・ドミシェルが「社会の多様性の写真(110)」と呼んで拒絶するものとはことなる。われわれはこのふたつを混同しないようにしなければならない。

(110)「平等に——男女同数制《パリテ》にかんする議論によせて」(『ダローズ・シレ集成』、第一二冊、一九九六年)

つまり男女同数制《パリテ》とは議会において実質的な混成性《ミクシテ》を実現し、それによって国民の混成性《ミクシテ》を表現、するということを意味する。一方の性だけをかんがえてはならず、男性と女性の両方が公正に表象〔＝代表〕されなければならないのだが、それは国民のさまざまな構成要素を経験的・瞬間的現実において忠実に反映しなければならないという意味ではない。人間の普遍的なあり方とは男性と女性によって構成されているということだから、議会はそうした国民のあり方を的確に表現するものでなければならない。男性と女性は両者がともに議会に存在することによって、任期のあいだ国民を「体現」するのである。

たしかに、自分に代わって「意志表明」する代表を国民がえらぶとき、その人となりや公約も選出の基準となる。有権者はそうしたものがどの程度、自分と近いかを判断材料とするのである。しかし議論し、意志決定する機関である議会は全体として、またその多様性において、一種の国民の模倣――アリストテレス的な意味での模倣――でなければならない。模倣によってつくりだされたイメージはべったりの模倣ではなく、フィクションであり、それが表象〔＝代表〕しているものの本当の姿をよりよく表現するために構成されたイメージである。それは現実の主要な特徴しかとりあげないけれど、現実をよりよく表現しているから現実より真実である。

代表制のこうした表象的側面はホッブズ的な政治的代表制概念の起源の痕跡をとどめている。ホッブズによれば舞台の上で役者や登場人物が劇の作者を代表しているように、最高君主は国民を代表している。これは国民代表制にはまだほどとおいが、それでも国民は権力の真の源泉として最終的に政治的権威をみとめられていることになる。

しかし残念ながら、政治的代表制を劇場との類似性でかんがえるこうした考え方は別の痕跡ものこすことになる。それはとりわけ、君主が、そして主権が不可分であり、不可分であるべきだという考え方である。つまり民衆という不気味な多様性をそなえた集団にひとつの形をあたえ、多数を一におきかえ、多数性のかわりに不可分な一集団、つまり個体（＝不可分なるもの）をおくということである。つまり権力は、最初は、一個人に具現化されないかぎり国民を「代表する」ことができなかった。こうしてホッブズにおいてはすべての人間が君主に従属することになるし、またルソーにおいては各人が全員とむすびつき、一般意志――これもあたらしい政治的フィクションである――が国民の分裂の危険性を回避させてくれることになる。

　民主主義は代表制を必要とするが、代表制は現実の多様性を単一化してしまう。だから代表制をとりながら、同時に政治生活のなかで差異・不一致・矛盾が公の場で政治的に表明されることをどんな風にして保証するか――これが民主主義にとって永遠の課題となる。

　このふたつの対立する要請をみたすためには、議会において人間的・政治的複数性が代表（＝表象）され、その存在が確保されることが必要である。政党の存在をとおして政治的立場の多様性が表現されているように、男女同数制《パリテ》をとおして人間の性の二元性が表現されつづけなければならない。

　だから今日、分裂にたいする恐怖をできるだけふりはらうよう努力すべきである。民主主義の実践はそうした恐怖と戦う手助けをしてくれるだろう。というのも民主主義とはまさしく対立の政治的解決によって実現されるものであるからだ。民主主義とは権威主義的な統一とか全員一致の調和を意味しているのではない。政治における最大の危険はかならずしも〈分裂をもたらすもの〉が原因になるわけではない。それはむしろおおくの場合、強制的に統一を実現させようとする暴力からうまれてくるのだ。

しかし男女同数制《パリテ》がひとびとを不安にさせるのは、まさしくそれが分裂をもたらす力をもっているとかんがえられているからである。われわれが性的差異の普遍性をみとめることに抵抗を感じるのも同じ理由からだが、こうした「分裂をもたらす力」は統一的な政治的代表をもちたいという欲求と衝突する。統一性への欲求は、本書冒頭で一にたいするノスタルジーと名づけたものによって印づけられている。こうした分裂にたいする恐怖は形而上学的な恐怖であると同時に政治的な恐怖でもある。人間の二元性にたいする恐怖、民主主義的な葛藤にたいする恐怖……。

そうした恐怖をかんじるのはただ権力者とその理論家だけではない。大衆もまた自分自身の分裂をおそれている。大衆は一体性の祭壇のうえにみずからの自由を生け贄としてささげることを厭わない。これはつとにラ・ボエシーが、そして近年ではクロード・ルフォールが指摘しているところである。

しかし、ニコル・ロローが国家のギリシャ的起源にさかのぼりながらわれわれに示唆してくれているように(11)、分裂はたんに解体をもたらす恐ろしい脅威であるだけではない。それはたんに国家を破壊し、崩壊させる亀裂であるだけではない。蜂起《スタシス》や対立はまた、国家をゆりうごかし、死をもたらす平穏さのなかに凝固することを妨げるものでもある。つまり、分裂はある種の連帯の要因となることもある。だから「分裂のもたらす絆」とでも呼ぶべきものが存在しうる。分裂は分離するのとおなじくらいひとびとをむすびつける力ももっているのである。

（111）『分裂した国家』ペイヨ、パリ、一九九七年。第四章「分裂の絆」参照

国家は統一性ではなく複数性《プレートス》である、とアリストテレス（またもや彼！）はくりかえし語っている。もちろんここで念頭におかれている反論相手はプラトンであるが、これはまた、あらかじめ、政治にかんして分裂の不安に屈しやすいひとびと全員にむけられた反論でもある。

政治（性の政治もふくめて）とは、対立をにぎりつぶすのではなく、一緒になって調整することにある。だから、分裂を価値として主張しよう。均一性にたいする差異の価値、不動性にたいする葛藤の価値を主張しよう。

両性はその差異をうけいれ、混合と異質性と混成性《ミクシテ》の価値を擁護すべきである。そして民主主義が男女同数制《パリテ》にむかって前進することによって男性による政治世界の強引な統一と決別して正義を実現できると主張すべきである。

近い将来、議会は混成的《ミクスト》になり、国民の二重の姿を代表〔＝表現〕することになるだろう。なんと言っても、男性と女性は人類のふたつの顔なのだから。

訳者あとがき

本書はSylviane Agacinski, *Politique des sexes*, Seuil, 1998の翻訳である。書名『性の政治学』はケイト・ミレットの今では古典となった観のある著作の日本語訳と同名となったが（藤枝澪子他訳、ドメス出版、一九八五年）、本書の原著書名と内容を勘案して、これ以外の題名はかんがえられなかった。なぜ『性の政治学』か？　それはまず第一に政治生活における男女の機会均等を実現するために性別という概念を政治制度のなかに書きこむことをめざす「男女同数制」が本書の中心的な主題になっているからである。が、それだけではなく、これは本書に通底するひとつの主張を象徴的にしめしてもいる。すなわち男女の関係、社会における男女の位置はアプリオリに決定されることはなく、常に変更が可能なものである。したがって両性はたえず戦略をねりなおしながら、たえず交渉をくりかえして、それを具体化していかなければならない。つまり両性はたえず政治学を、性の政治学を実践しつづけなければならない――これが本書の中心的な主題である。

翻訳は二〇〇一年出版の第二版によったが、第二版冒頭には「混成性に関する補足」というかなり長文のテクストが「第二版序文」として付加されている。この第二版序文と本文のあいだの時間的隔たりはわずか三年ではあるが、この間に本書の主題をめぐる状況に決定的な変化が生じている。それは一九九九年七月の憲法改正と二〇〇〇年六月六日法の成立によって男女同数制《パリテ》が実現したことである。アガサンスキーはこの男女同数制をめぐる論争に深く関与しており、本書の議論の内容のすべてではないが、その一端はこの論争との関連で理解される必要がある。したがって以下に男女同数制成立までの経緯を簡単に説明しておくことにしよう。

二〇〇〇年六月六日、フランスで「選挙による地位・職務への男女平等選出促進法」（通称「男女同数法《パリテ》」）が成立した。人権の国と称されながら、フランスで女性が選挙権を獲得したのはようやく一九四四年だったことからもわかるように、男女の機会均等の実現は、民主主義先進国と言われるフランスにおいてさえ、さまざまな努力と改革にもかかわらず、遅々とした歩みでしか進行しなかった。とりわけ女性の政治参加は遅れ、一九九五年において国民議会での女性議員の比率は六パーセント程度で、これはヨーロッパ諸国の中でももっとも低い水準に属していた。こうした現状を立法措置によって一挙に解決しようとしたのがこの法律であった。

フランスの選挙制度は複雑で、各種選挙により方式が異なるが、大別して市会議員選挙などの比例代表制と国民議会選挙の小選挙区制にわけられる。男女同数法《パリテ》はまず前者に関しては政党の候補者名簿を男女（ほぼ）同数にすることを強制することで選出議員を男女同数になるよう誘導することをめざし、小選挙区制の場合には各政党の男女候補者数格差にたいして政党助成金減額のペナルティーを課することで格差解消をめざす。男女同数法《パリテ》は、議員の数そのものではなく政党の候補者選定に拘束を課する制度だが、比例選挙の場合なら当選圏内の候補者も同数になるよう規定しているし、また政治資金規正が厳しくなった現在、政党助成金が政党の政治活動に重要な役割をはたしていることをかんがえれば、実質的に男女を等しく議員に選出させる効果が高い制度となっていると言える。

国民議会で与野党一致して採択されたこの法律は世論によって久しく待望されていたもので、それまでの数年間、各種世論調査で男女同数法《パリテ》のアイデアに賛成する人は常に七〇パーセントを超えていた。しかし、世論からつよく望まれ、左右両陣営の政党に支持されたこの法律が最終的に成立するまでには紆余曲折があった。一見するとこの法律はプラグマティックなレベルでは政界における明白な男女格差の解消をめざすものだからだれも反対する人がでようとは思えない。しかし実際には男女同数法《パリテ》は国民主権のあり方というきわめて原理的な次元で議論をよび、女性の権利擁護を訴えるフェミニスト陣営自体さえをも二分する大論争を発生させることになったのである。

男女同数法《パリテ》をめぐる論争のそもそもの発端はミッテランが第五共和制下初めての社会党出身大統領となってまもない一九八二年に社会党政権によって提案されたクォータ法である。この法案は市会議員選挙の政党候補者名簿に「同性候補が七五パーセント以上をしめることを禁止」するものであった。このクォータ法が女性の政治参加を促進するためのものであることは言うまでもないが、この法律の一部の規定につよく反発した保守系野党議員が、違憲の疑いをもって憲法院に提訴をした。そして憲法院は一九八二年一一月、憲法第三条や『人権宣言』第六条などを根拠として「市民であるという資格を有すれば、年齢・無能力・国籍のために除外されない者はすべて、同一の条件で選挙権・被選挙権を有する、また憲法的価値をもったこれらの原則は選挙人・被選挙人をカテゴリー分けすることを禁じている」として、男女議員クォータ法に違憲判断をくだしたのである。この憲法院決定の結果、男女の議員数格差を立法的措置によって解消するためには憲法の改正が不可欠であることが判明する。

フランス初の女性首相クレッソンの登場にもみられるように、社会党は比較的女性登用に積極的であったが、その社会党においてすら、現職議員の既得権擁護のため議員数の男女格差はなかなか解消しなかった。その中で特筆すべきなのは一九九四年のヨーロッパ議会選挙においてロカールがひきいた社会党候補名簿で男女が交互に登録された点である。しかし、chabadabada リストと揶揄されたこの選挙名簿は、社会党の劣勢が伝えられる中で、話題づくりとか女性票目当ての選挙戦術という印象をあたえてしまい、社会党は惨敗してしまった。

しかし女性の政界進出促進の必要性は左右を問わず共有される認識となっていく。そして一九九五年の大統領選挙で保守党候補、社会党候補ともに女性票への配慮を示し、当選したシラクは選挙期間中に公約した「男女同数監視委員会」を設置した。これはアラン・ジュペ首相直属の諮問機関という位置づけで、「社会生活のあらゆる領域における男女の不平等を調査」し、調査結果をもとに首相に政策提言することを使命とした。座長には与党所属女性議員ロズリーヌ・バシュロが就任した。委員会は一九九七年一月、ジュペ首相に報告書を提出、政治における男女格差の現状を分析した上で、その解決策として、助成金によって女性登用を政党に促す方策や憲法を改正した後、男女同数制を実現することなど複数の可能性を示唆した。男女同数監視委員会のこうした活動が政界における男女格差解消の議論の活発化に決定的な役割をはたすことになる。

この間、シモーヌ・ヴェイユ、エディット・クレッソンなど大臣を経験した与野党の女性議員十名がエクスプレス誌に「男女同数制《パリテ》のための一〇人宣言」（一九九六年六月）を発表し、女性に議員数の三分の一のわりあてを要求するなどして、政治における男女平等をもとめる世論は急速にたかまった。こうした世論のたかまりをうけて、保守党のジュペ首相も社会党党首ジョスパンもともに同数制に基本的に賛意を示すようになっていた。男女同数監視委員会の報告書を受理したジュペ首相はその報告書をもとに議会で討論することを約束し、憲法改正も視野にいれていることを示唆した。

しかしこうした議論の半ばで、シラク大統領は任期を一年残した国民議会を解散、一九九七年六月におこなわれた国民議会選挙でジョスパンひきいる社会党が勝利をおさめ、三度目の保革共存政権が発足する。ジョスパンはその選挙で女性候補を三八パーセント程度採用したが、一般施政演説ではこの方向をさらにおしすすめて男女同数制実現のために憲法を改正することを宣言する。曖昧な態度をとっていたシラク大統領も世論におされ、必要なら憲法改正を支持すると言明する。こうして一九九八年六月一七日に首相府と大統領府で協議された憲法改正案が閣議決定される。これは「選挙による職務・地位への男女平等選出を法律によって促進する」という条項を憲法第三条に付加するという案であった。この憲法改正案で「同数（パリテ）」という言葉がけずられたのは大統領の意志によるものとされ、また「促進する (favoriser)」という緩和された表現になったのも大統領との妥協のためと言われる。

政府提出の法案は国民議会の審議の過程で修正され、「促進する」は微温的と判断されて、「選挙による地位・職務への男女平等選出を実現するための条件が法律によって決定される」という文案に変更される。そして一二月一五日、この修正案が与野党をとわず出席議員の満場一致で可決される。しかしシラク大統領とジョスパン首相双方の合意の上に成立したこの憲法改正案は上院におくられた時、そこで意外な抵抗にあうことになる。上院は国民議会とことなった選挙制度によって選出されるため、保守的な議員構成になりがちで、実際、この時も保守系議員が多数をしめていた。上院もシラク大統領が支持する法案に反対することはないと当初は予想されていたのだが、意外にも国民議会で議決された憲法改正案に対する反発がつよく、憲法三条の修正は拒否し、第四条に「選挙による職務・地位への男女平等選出を政党は促進する」という条項を付加する案を議決する。憲法改正案は国民議会と上院で「同一の文章」で議決された上で両院総会で決定されることになっているから、上院のこの抵抗で憲法改正手続きは頓挫するかにみえた。

国民議会で決議された憲法改正案に対する上院の反発には、実際にはさまざまな理由があった。ジョスパンが一般施政演説で訴えた「民主主義の近代化」には上院のみなおしも含まれていた。地方議員などによる間接選挙で選ばれ、任期も極めて長い上院は民意を反映しにくい制度としてみなおしの対象となっており、このことに対する上院議員の反発はきわめて強かった。また男女同数制を口実にジョスパンが国民議会の小選挙区制を、保守党には不利な比例代表制にするのではないかという危惧を保守派議員は、ジョスパンの度重なる否定にもかかわらず、つよくもっていた。こうした政治的打算や、そしておそらくはあったかもしれない保守的な議員たちの女性蔑視はここでは問題にしないとして、公式な議論は憲法改正を第三条についておこなうか、第四条についておこなうかに集中した。憲法第三条は国民主権を規定した条項であり、第四条は政党活動について述べた条項であるが、したがってこの論争は政治的権利をどこに位置づけるかという点に関する論争であった。国民すべてが政治に参加する権利をもっているのは、すべての個人が普遍的人間性を所有しているからなのか、それとも国民は異なった社会集団のよせあつめであるのか。

上院でのこの議論において保守派議員に意外な援軍が出現する。それはフェミニストの哲学者エリザベット・バダンテールとその夫の上院議員ロベール・バダンテールであった。ロベール・バダンテールはミッテラン時代に司法大臣をつとめ、死刑廃止を実現した社会党重鎮であるにもかかわらず、普遍主義的共和主義の立場から三条の改正につよく反対する。そしてその妻のエリザベットも上院公聴会に呼ばれ、普遍主義的フェミニストとして反対論を展開する。この上院での審議をきっかけに、これまで圧倒的な賛成派世論におされ、影のうすかった観のある反対派がル・モンド紙やエクスプレス誌で強力な反撃を開始する。

しかし上院の議決に対する世論の反発は強かった。女性の政界進出を阻んでいたのは女性候補採用を拒否し続けた政党ではなかったか。それなのに政党に女性採用を促すだけで問題が解決すると本気で考えることができるのか。そもそもフランスで女性の参政権が認められるのが一九四四年まで遅れたのは上院の抵抗があったからではなかったのか。上院のこのような態度は、上院という制度そのものの旧弊さを示しているのではないか。時代に取り残された上院は廃止すべきではないか……。

上院の議決をうけ、憲法改正案は国民議会にさしもどされるが、二月一六日、国民議会は一二月一五日の議決をもう一度採択する。世論の支持を背景に、国民議会は妥協する意図をまったくもたない。上院の敗北は明白だった。こうして世論の反発とシラク大統領の圧力におされ、上院は妥協を余儀なくされ、四条の修正を維持したまま三条に関して政府原案（「促進する」）にもどすことに同意する。こうして上院の議決、国民議会での議決を経た上で、六月二八日、両院総会で最終的に憲法改正案が可決される。その内容は第三条の末尾に「選挙による地位・職務への男女平等選出を法によって促進する」、第四条末尾に「政党および政治団体は、法律の規定するところにしたがって、第三条最終項において述べられた原則の実現に協力する」という条項を付加するものであった。

こうした憲法改正作業を経て、一九九九年一二月八日、閣議で同数法案が審議され、冒頭に述べた二〇〇〇年六月六日の法律制定にいたる。こうして議員の男女比率の均等化をめざす欧米にも他に例をみない特異な法律がフランスで成立する。そもそもフランスは共和主義的普遍主義の立場からアメリカ風のアファーマティヴ・アクションにつよく反発してきた国であった。そのために原理的な平等主義原則にもかかわらず，政策としての男女格差解消策整備が大きくたちおくれていたのだが，この法律はフランスをこの面で一挙に先進的な国とする結果となった。なおフランスの同数制の法律的な議論に関しては法学者の手になる極めて詳細な分析『パリテの論理——男女共同参画の技法』（糠塚康江著、信山社、二〇〇五年）があるので、是非、ご覧になっていただきたい。

アガサンスキーはこの男女同数制をめぐる論争に積極的に参加し、同数法成立にむけての世論形成に大きな役割をはたしている。本書『性の政治学』は彼女の議論を体系化し、普遍主義的人権思想を楯にとった男女同数制《パリテ》反対論に対して，それに対抗可能な理論を提供するものだった。日本においても女性の政治参加は未だ遙かに道は遠しというところであるが、こうした状況を打破するためにもアガサンスキーの議論やフランスにおける制度整備は大いに参考になるにちがいない。しかし本書はそうした単なる時事的な課題にたいする応答、課題が解決されれば用済みになる政治的パンフレットの類では決してない。そしてこの点がこの著作の第二の魅力と言えるのだが、アガサンスキーは男女同数制論議を機会としてフェミニズムのあり方一般について興味深く説得的な議論を展開し、ボーヴォワールから七〇年代のラディカル・フェミニズムを経過して現在にいたるまでのフェミニズムの流れのなかに自らの立場を明確に位置づけている。

これに関連して、エリザベット・バダンテールの著作『迷走フェミニズム――これでいいのか女と男』（夏目幸子訳、新曜社、二〇〇六年）の翻訳がでていることを指摘しておきたい。先に述べたようにバダンテールはアガサンスキーも本書で言及している著名なフェミニストで、男女同数制に反対する立場をとっている。一方、バダンテールもこの『迷走フェミニズム』のなかで「迷走する」フェミニズムの代表者のひとりとしてアガサンスキーに言及し、批判をくわえている。両者の議論を対照して読みくらべると興味深いが、きわめて大雑把に分類するとすれば、バダンテールは男女の性的差異は本来的には存在しないと考えられるべきだとする普遍主義的フェミニズム、アガサンスキーは男女の性的差異の存在を無視してはならないとする差異主義的フェミニズムに位置づけられるとかんがえてよい。しかしこうしたラベルをはりつけるだけではフェミニズムさらには現代フランス社会をめぐる複雑な問題を理解することは困難である。アガサンスキーについてはバダンテールを始めさまざまな評者がその「差異主義的」な立場を強調しているが、私にはむしろアガサンスキーは男女の性の「二元性」を原理として定立しながら、それによって最終的に「普遍主義的」な価値を擁護しようとした思想家であるように思われる。

アガサンスキーは本来は哲学者でキルケゴールに関する著作もある。一九四五年生まれで、世代的にはエリザベット・バダンテールとほぼ同世代である。本書第二版序文のなかの「フランス語と女性名詞」という文章で、アガサンスキーは「大使夫人」とか「市長夫人」という表現に嫌悪感を示し、女性が夫の地位と関連して形容されることを拒否しているが、しかし男女同数法制定当時の首相ジョスパンがアガサンスキーの夫であるという事実に言及せずにすませることは難しい。たとえフランス現代政治の興味深いエピソードのひとつとしてだけでも……。

本書の編集・校正には鈴木正昭氏の手をおわずらわせした。こころからお礼を申し上げたい。

二〇〇八年六月

丸岡　高弘

ル

レ

ロ

索　引

人名索引

〈訳者略歴〉

丸岡高弘（まるおか・たかひろ）

1975年　東京大学文学部仏文科卒業
1978年　東京大学大学院人文科学研究科修士課程修了
1986年　パリ第三大学第三課程博士
現　在　南山大学外国語学部教授

性の政治学

2008年9月25日　初　版

著　者　シルヴィアンヌ・アガサンスキー
訳　者　丸岡高弘
発行者　飯塚尚彦
発行所　産業図書株式会社
〒102-0072　東京都千代田区飯田橋2-11-3
電話　03(3261)7821(代)
FAX　03(3239)2178
http://www.san-to.co.jp

装　幀　戸田ツトム

平河工業社・小高製本工業
ISBN 978-4-7828-0165-9　C1036